Hermann-Josef Weskamp
Ulrich Dost

Der TORgarant

Eine deutsch-deutsche Fußball-Karriere

KS Verlag

Ulf Kirsten

Impressum

Unser ganz besonderer Dank gilt Silke Steinhausen.

Autoren:
Hermann-Josef Weskamp
Ulrich Dost

Gestaltung:
Vladimir Kadlec

Technische Umsetzung:
KS Verlag Leverkusen/Pulheim

Bilder:
Bayer AG, Bongarts, Horstmüller, Kadlec, Kunz, VISUM, Photo Team, Pfeil, Pohl, KS Verlag, Archiv, Ulfs Privatarchiv. Karikatur: Hans-Joachim Gerboth

Titelbild: Kadlec

Druck:
Offsetdruckerei A. Ollig GmbH
Köln

Gedruckt auf
Arctic Volume –
1,12fachem Volumen –
von der Hafreströms AB /
Schweden

ISBN 3-00-002919-2

Buchbesprechung: Ulf Kirsten am Computer, Hermann-Josef Weskamp, Vladimir Kadlec und Ulrich Dost erklären das Layout.

ASPIRIN

Inhalt

Die ganze Familie half bei der Bildauswahl.

DIE
LIGA

Vorwort von Kurt Vossen

Zäumen wir einmal das Pferd von hinten auf und geben der Wahrheit die Ehre. Heute fällt es sicherlich leicht, das hohe Lied auf Vollblutstürmer Ulf Kirsten zu singen. Ganz bestimmt verdient er es auch. Doch das war nicht immer so. In früheren Jahren zählte ich an erster Stelle zu denjenigen, die den Stürmer offen und häufig kritisiert haben. Er schien es meines Erachtens nie in Einklang zu bringen, daß es in unserer Leistungsgesellschaft nicht reicht, sich allein aufs Toreschießen zu konzentrieren, sondern daß ein Spieler von seinem Format auch Aufgaben außerhalb des Platzes zu übernehmen und erfüllen hat.

Heute kann ich mit Bestimmtheit sagen: Es spricht für seine Stärke, daß er trotz dieser Kritiken an sich gearbeitet hat und für sein Durchhaltevermögen, daß er es gegen noch so große Widerstände geschafft hat. Deshalb bringe ich den Werdegang des Ulf Kirsten auf die Formel: Früher erfolgreich, aber kein Star - heute erfolgreich, aber endlich ein Star, ein Vorzeige-Profi. Diese Beurteilung hat er sich im wahrsten Sinne des Wortes bei uns im Verein hart erarbeitet, nichts fiel ihm so leicht in den Schoß. Nehmen wir als Beispiel dafür seine nicht endenwollenden Dauerläufe und Sprints während eines Spiels. Ulf Kirsten ist kein Spielmacher, aber ein Spielemacher.

Er bringt seine Leistung nicht kalkuliert ein. Für seinen Erfolg macht er das Schweißvergießen und die Härte gegen sich selbst zur Bedingung. Ich bin überzeugt davon, daß viele Menschen ihn unbewußt als Vorbild sehen. Leben heißt eben auch kämpfen, dir wird nichts geschenkt, du darfst aber nie aufgeben.

Es gibt derzeit in der Bundesliga nicht mehr viele Spieler, die es schaffen, eine unsichtbare Verbindung zwischen sich und den Fans herzustellen. Ulf Kirsten aber schafft es immer wieder, weil er immer wieder sein großes Vermögen abrufen kann, körperlich an seine Grenzen zu stoßen. Diese Botschaft verstehen unsere jungen Fans im Stadion.

Seinen Werdegang vom normalen Mitspieler zu einem Führungsspieler, da bin ich mir ganz sicher, hat Ulf kirsten noch nicht abgeschlossen. Aber er legte schon ein großes Stück auf diesem Weg zurück. Längst sehe ich in ihm nicht mehr den Vertragspartner oder normalen Arbeitnehmer. Nein, er hat sich inzwischen zum leitenden Angestellten in unserem Lizenzspielerkader entwickelt. Ein Torjäger war er schon immer, jetzt aber besitzt er die gleiche Bedeutung für Mannschaft und Verein. Von seiner Persönlichkeit, die sich im Rahmen seiner Möglichkeiten gesteigert hat, profitieren mittlerweile beide Seiten. So sollte es sein. Das bedeutet für uns: Aus dem Verein heraus hat er sich zu einem Markenartikel von Bayer 04 Leverkusen entwickelt. Das geschieht im deutschen Fußball nur noch sehr selten.

Bei Ulf Kirsten verbesserte sich im Laufe der Jahre nicht nur seine Spielstärke. Parallel dazu wuchs seine Fähigkeit, Zusammenhänge in seinem Umfeld zu erkennen und zu verstehen. Polterte er früher unkontrolliert los, so besteht heute endlich eine Einheit von Reden und Handeln bei ihm.

Wenn er diesen Weg konsequent weiter verfolgen sollte, wird er auch nach dem Ende seiner Karriere im Fußball eine wichtige Rolle spielen können.

Ziel kann nur lauten, Weltmeister zu werden

Ulf Kirsten weiß es zu genau: Das Endrundenturnier in Frankreich bedeutet für ihn die letzte Möglichkeit, einmal im Leben Weltmeister zu werden. Daher stellt er auch die höchsten Ansprüche zunächst einmal an sich selbst. Seine gesamte Spannkraft wird erforderlich sein, um dem Deutschen Fußball-Bund zum vierten Titelgewinn nach 1954, 1974 und 1990 zu verhelfen.

„Mich beeindruckt die Konstanz des erfolgreichsten Torjägers der 90er Jahre“
Thomas Helmer (Nationalspieler von Bayern München)

Halbe Sachen sind sein Ding nie gewesen. Und jetzt erst recht nicht. „Natürlich will ich Weltmeister werden“, läßt Ulf Kirsten, der erfolgreichste Bundesliga-Torjäger der 90er Jahre im Trikot von Bayer 04 Leverkusen, nicht den geringsten Zweifel an seinem Reiseziel für die Tour de France der deutschen Nationalelf. Am 12. Juli 1998 beim WM-Finale auf dem Rasen der kühnen Stadion-Konstruktion Paris St. Denis der deutschen Hymne zu lauschen und die Schmetterlinge im Bauch zu spüren, da will, da muß er dabei sein. Das ist er sich und seinen Ansprüchen schuldig. Mit 32 fühlt er sich als Fußballer auf der Höhe seiner Schaffenskraft. Er ist sich bewußt, daß er ein wichtiges Glied in einer Mannschaft ist, deren Turnier-Tugenden legendär sind und die es diesmal wieder schaffen kann. Es wäre der vierte Wurf, so viele wie die großen Brasilianer. Was das eigene Selbstbewußtsein angeht, hält er es ohnehin mit dem Werbeslogan „Nichts ist unmöglich“. „Natürlich will ich Weltmeister werden“, wiederholt Kirsten, und wer ihn kennt, weiß, daß er es ernst meint. Ihm muß keiner mehr Mut machen, er selbst schon gar nicht.

Unter solchen Voraussetzungen wäre es für den Power-Man Kirsten überaus abträglich, sich mit weniger zufrieden geben zu wollen. Einer wie er muß auch seine persönliche Erwartungshaltung auf Höchsttouren halten, um ständig auf Draht und unter Strom zu sein. „Wenn ich zu locker und mit reduzierter Kraft reingehe, bin ich nur die Hälfte wert, und ich würde mir nie im Leben mehr verzeihen, diese großartige Chance nicht optimal genutzt zu haben“, sagt er. Seit einiger Zeit weiß er nicht zuletzt dank der behutsamen Anleitung seines Trainers Christoph Daum und dessen Assistenten Roland Koch mit dieser nicht unkomplizierten Herausforderung umzugehen. Das Geheimnis, sich wirksam in Kampfeslust und Siegermentalität zu versetzen, ohne zu verkrampfen, er hat es für sich gelöst.

Ulf Kirsten - Weltmeister 1998 mit der deutschen Fußball-Nationalmannschaft, das wär's doch. Die Krönung einer deutsch-deutschen Karriere. Eine süß-herbe Pointe der Sport-Geschichte. Nicht einmal träumen mochte er zehn Jahre zuvor von der Chance, bei einem solchen Treffen der weltbesten Teams mitzumischen. Die Auswahl der damals noch real existierenden DDR verspielte ihre Einladung regelmäßig, weil sie in den 80er Jahren nach Kirstens später Einsicht „vergleichweise nicht ausgeglichen genug besetzt war und außerdem immer knapp scheiterte, weil wir es meistens mit der UdSSR und/oder Frankreich in der Qualifikation zu tun hatten, die für uns zu stark waren.“ An Flucht aus der Republik der Werktätigen war nicht nur wegen des schrecklichen Grenzschutzes, sondern vor allem wegen der zu erwartenden

In frohgelaunter WM-Erwartung: Christian Nerlinger, Andreas Möller, Bundestrainer Berti Vogts und Jens Nowotny

adidas

Volle Schußkraft voraus: Ulf Kirsten beim Testspiel gegen Weltmeister Brasilien in Stuttgart.

Repressalien gegenüber den Angehörigen nicht zu denken. Kirsten hatte sich darauf eingerichtet, ein weiteres Jahrzehnt in Dresden für den Polizei-Sportverein Dynamo die Stiefel zu schnüren und daß die „big points" des Weltfußballs ohne sein Zutun verteilt würden. Doch dann veränderte sich die Welt im ICE-Tempo. Der Wettlauf der Systeme im Herzen Europas war plötzlich zu Ende.

Die erste Berufung ins schwarz-rot-goldene Trikot mit dem gesamtdeutschen Bundesadler bescherte dem Stürmer aus Sachsen einen Auftritt ausgerechnet in seiner Heimat. Im Dresdener Rudolf-Harbig-Stadion durfte er am 14. Oktober 1992 gegen die Mexikaner ran. Zu diesem Zeitpunkt hatte er den ersten schweren Rückschlag seiner Laufbahn hinter sich. Vor dem Europameisterschaftsturnier in Schweden setzte ihn ein Schienbeinkopfbruch, den er sich bei einer Attacke des Dortmunder Torwarts Stefan Klos zugezogen hatte, außer Gefecht. Es sollte nicht die letzte negative Erfahrung bei Gelegenheiten dieser Art gewesen sein.

Die WM zwei Jahre später in den USA erlebte Kirsten nur als „Tourist", weil es ihn in Chicago beim Training gleich mit einem Muskelfaserriß erwischte. Danach kam er ebenso frustriert wie die anderen nach Hause zurück, die das Viertelfinal-Match gegen die Bulgaren im Giants-Stadion vor den Toren New Yorks vergeigt hatten. Vor der EM in England verzichtete Bundestrainer Berti Vogts wegen Formschwäche auf den auch nervlich angeschlagenen Angreifer, der mit der Bayer-Elf nur um ein Haar dem Abstieg entronnen war.

Logisch, daß es Anno ´98 für Ulf Kirsten um alles geht. Das Sport- und Medienspektakel, das sämtliche bisherigen Standards übertreffen könnte, soll zum Höhepunkt seiner Karriere am Ball werden. „Unsere Millionen Fans werden weitaus intensiver bei der Sache sein als vor vier Jahren, weil sich diesmal in Frankreich alles fast vor ihrer Haustüre abspielt", glaubt der Profi.

Alte Bekannte aus der Bundesliga:
Beim Länderspiel Deutschland gegen Nigeria in

Köln traf Christian Wörns auf den früheren Frankfurter Jay-Jay Okocha.

Fußball-WM-Turniere haben schon immer ihr einzigartiges Flair erzeugt. Hier sind jedesmal die Geschichten ohne Verfallsdatum entstanden. Wir denken an das historische Tor von Wembley, an den tragischen (Elfmeter-)Fehlschuß des großen Franco Baresi beim Finale 1994 in Los Angeles. Hier haben Spieler am Mythos ihrer Biographie gestrickt. Es gibt reichlich Beispiele von Leuten, die durch eine einzige WM zu bleibendem Ruhm gekommen sind. Eine Weltmeisterschaft, die ihren Reiz bekanntlich auch aus dem Charme und den Überraschungseffekten der Außenseiter bezieht, ist auch hier und heute noch etwas sehr Spezielles. Vor allem in einer möglicherweise kritischen Phase für den Fußball. Der Volkssport Nr. 1 droht in den Augen vieler seiner Kunden durch die Inflation von Live-Spielen auf der Mattscheibe langsam aber sicher zum Überfluß- und Wegwerfprodukt zu werden.

Vive la France: Fünf Wochen lang hält der Rummelplatz seine Tore offen. Für die Spieler als Hauptdarsteller auf der globalen Unterhaltungsbühne, für die Vereinsfunktionäre aus aller Welt und die Trainer, für die Agenten, die Vermittler, die Berater, für die Kommentatoren, deren Assistenten und für diejenigen, die von der Materie wirklich was verstehen, ist eine WM wie eine Börse, ein optimal beschickter Markt, auf dem man sich zum Flirt, zum „blind date" oder zum Geschäftsabschluß verabredet. Die Entwicklung in der Szene seit dem Bosman-Urteil vom 15. Dezember 1995 drängt den Vergleich mit dem überkochenden Topf auf. Je weiter die Mannschaften im Zug zum Endspiel nach Paris kommen, desto rasanter schießen die Kurse ihrer Akteure nach oben.

Christian Wörns: „Wir leben vom Teamwork. Doch Ulf Kirsten ist unser wichtigster Spieler“

Die Nationaltrainer haben andere Sorgen. Sie müssen unter allen Umständen zu verhindern versuchen, daß sich ihr kickendes Personal von den Schwankungen der Kurse beeinflussen läßt. Das ist nicht einfach. Vor allem aber droht die Gefahr des Lagerkollers. Das war im legendären Schweizer Kurort Spiez schon so, wo sich die 54er auf den Triumph von Bern und die Unsterb-

adidas
9

lichkeit vorbereiteten, und in Malente nicht anders, als ihre 74er Nachfolger der Langeweile in der Sportschule nächtens durch gezielte Sprünge über den Maschendraht entflohen. „Sollten wir das Finale erreichen, wovon ich ausgehe, werden wir inklusive der Vorbereitung sieben Wochen lang zusammen sein", rechnet Kirsten hoch und preßt die Lippen aufeinander. Sieben Wochen lang Tag für Tag die gleichen Gesichter, da geht man sich irgendwann auf den Geist. Wichtig sei ausreichend Freizeit, um sich auch mal wenigstens kurzfristig aus den Augen zu verlieren, sagt Kirsten und nimmt den Bedenken die Schärfe: „Die Leute verstehen sich im Grunde untereinander. Wenn sich jeder daran hält, im Störungsfall auf den anderen zuzugehen, wird es klappen."

Kirsten setzt hundertprozentig auf die Fähigkeit des Bundestrainers zu psychologischer Feinabstimmung: „Er weiß schon im Vorfeld alles über seine Kandidaten und entscheidet auch unter dem Gesichtspunkt, ob einer in die Gruppe paßt oder ihr zumutbar ist, welche Typen er mitnimmt." Die wichtigste Etappe der Gesamtstrecke ist nach seiner Meinung zweifellos die unmittelbare Vorbereitung auf das erste Spiel. Hier gilt, sämtlichen denkbaren Eventualitäten vorzubeugen. Fehler, die in dieser Phase unterlaufen, seien schwer zu korrigieren.

Von der Fuß(ball)truppe des Deutschen Fußball-Bundes, die es in Frankreich mit dem Rest der fußballspielenden Welt aufnimmt, hat Kirsten eine sehr hohe Meinung: „Bei allem Respekt vor unserem Trainer: Unsere Mannschaft ist auch in der Lage, sich durchaus selbst zu disziplinieren. In den letzten Jahren ist sie zusammengewachsen, und da haben sich Mechanismen zu einer Art Selbstreglementierung entwickelt." Vorkommnisse wie in Chicago,

Oliver Bierhoff in Jubelpose - so wünscht sich ihn Berti Vogts bei der WM in Frankreich.

wo einige Selbstdarsteller samt dazugehörigen Damen immer wieder den Korpsgeist unterliefen, hält er vier Jahre später in diesem Ensemble für eher unwahrscheinlich.

Das hat nach Kirstens Einschätzung auch einen biologischen Grund: „In Frankreich treten einige wichtige, ältere Spieler zu ihrem wahrscheinlich letzten großen Turnier an. Sie werden sich reinhängen bis zum letzten Schweißtropfen und nicht zulassen, daß ihnen ein paar Querschläger die Tour vermasseln." Führen die besagten biologischen Gründe auch beim Torjäger Kirsten zum Halali? „Wenn's für unser Team und für mich gut abgeht, warum sollte ich dann nicht weitermachen, solange man mich noch sehen will?"

Natürlich geht Kirsten bei aller Zurückhaltung in seinen öffentlichen Erklärungen zu dem Thema davon aus, in Frankreich regelmäßig aktiv seinen Teil zum Gelingen beitragen zu dürfen. Das war nicht immer so, zuletzt aber immer öfter. Irgendwann hat sich der Leverkusener gehäutet, und da war ihm beim Blick in den Spiegel klar, daß e r auf keinen Fall das dritte Rad am Wagen sei und fortan keinen Bewerbungsbogen mehr auszufüllen brauche. Schließlich habe er sein Können und seinen Wert auch im Nationaldreß oft genug gezeigt. Gegenüber dem „Kicker" analysierte er während der Arabien-Reise der Nationalmannschaft im Februar 1998 die Kartenlage des Trios Kirsten/Klinsmann/Bierhoff: „Mein Trumpf ist meine Torgefährlichkeit. Dies gilt auch für den Olli. Wir sind zwar als Spielertypen ziemlich ähnlich. Doch wenn wir uns absprechen, passen wir sehr gut zusammen." Diese Rangliste ist eindeutig. Als Beleg bemühte der Bayer-Stürmer die jüngste Leverkusener Historie: „Als Rudi Völler zu uns kam, hieß es zunächst auch, wir würden uns eher gegenseitig behindern als miteinander harmonieren. Das erwies sich schnell als falsche Prophezeiung. Am Ende der Saison hatte der Rudi 16 und ich 15 Tore geschossen." Noch Fragen?

Und die Chancen für Frankreich? Natürlich, der Titelverteidiger, die Brasilianer, gegen die er zuletzt beim Test in Stuttgart den Ausgleichstreffer markiert hat, ist allein von der Klasse seiner Einzelspieler her in Bestbesetzung wieder Favorit. Kirsten rechnet aber auch mit den Engländern, mit den Gastgebern und mit den Holländern, „die niemand so recht auf der Rechnung hat", in der Endausscheidung. Und natürlich mit den Deutschen: „Wir haben alle Optionen, wir können stark auftreten. Voraussetzung ist natürlich, daß wir uns rechtzeitig und überzeugend finden. Als Mannschaft, als Einheit sind wir eine Macht, das muß sich jeder immer wieder vor Augen halten." An Ulf Kirsten, dem gelernten Teamarbeiter, soll's nicht liegen. Er wird die Lücken schon finden und nutzen, wenn man ihn nur läßt.

Jubeln im Duett: Ulf Kirsten und der Dortmunder Andreas Möller

„Ulf Kirsten - ein Spieler, der keinem Zweikampf aus dem Wege geht und für sein Team auch noch den letzten Schweißtropfen vergießt“

Ein Fairneß-Preis für Kirsten und Bierhoff

Man kann noch so viele Fußballspiele rund um den Erdball gesehen haben, es gibt nur ganz wenige, die man wirklich nie vergißt. Eines von diesen außergewöhnlichen Spielen, die mir wohl immer im Gedächtnis haften bleiben werden, erlebte ich im Ulrich-Haberland-Stadion in Leverkusen. Das Bayer-Team lag gegen den FC Bayern München schon 0:2 zurück und mußte nach rund einer halben Stunde nach einem Platzverweis für Christian Wörns mit zehn Spielern auskommen. Was kaum noch jemand für möglich hielt, geschah dennoch: Bayer 04 Leverkusen siegte am Ende mit 4:2. In diesem Spiel erzielte Ulf Kirsten drei Treffer und für die Beurteilung seiner Leistung fiel mir nur das Wort „Weltklasse" ein. So etwas hatte auch ich noch nie erlebt.

Die Vorzüge des Ulf Kirsten sind ja hinreichend bekannt. Er gilt allgemein als recht aggressiver Spieler, der keinem Zweikampf aus dem Wege geht und für sein Team auch noch den letzten Schweißtropfen vergießt. Für mich zeigt sich in seiner Spielweise nur die eine Seite des Ulf Kirsten. Wer ihn etwas näher kennt, wird schnell erkennen, daß sich hinter seiner oftmals rauhen Schale in Wirklichkeit ein weicher Kern verbirgt. Für mich bedeutet dies: Ulf Kirsten braucht die unbedingte Zustimmung in seinem Umfeld, um Topleistungen zu vollbringen. Man darf ihn getrost als vom Trainer abhängigen Spieler bezeichnen. Ich denke, daß er unter Christoph Daum in den letzten beiden Jahren einen richtigen Schub bekommen hat. Ulf Kirsten muß angesprochen und einbezogen werden, was die tägliche Arbeit anbelangt. Er sollte auch die Freiheiten besitzen, sich bei Trainingseinheiten bei gegebener Situation zu pflegen. Auf ihn kann man sich als Trainer verlassen. Er weiß genau, daß sein

Bundestrainer Berti Vogts

Spiel viel Kraft erfordert, schließlich kommt es vor, daß er bei einem Eckball auf der eigenen Torlinie klärt und eine Minute später im Angriff die nächste Torchance bekommt.

Zuweilen kam von ihm der Vorwurf, er habe beim DFB keine Lobby. Was auf viele andere Spieler zutrifft, läßt sich auch bei Ulf Kirsten festhalten: Er vergißt schnell. Heute bin ich froh darüber, daß ich an ihm festgehalten habe, was sicherlich nicht immer ganz leicht war. Ich denke dabei besonders an die Stasi-Vorwürfe im Vorfeld der WM 1994. Ohne Näheres zu wissen, habe ich mich vor ihn gestellt. Erst spätere Akteneinsicht bewies die Harmlosigkeit der Vorgänge.

Auch den Bollerkopf von früher, als den viele Ulf Kirsten gesehen haben, gibt es heute gottlob nicht mehr. Wie er sich zusammen mit Oliver Bierhoff in der Stürmerfrage verhält, wie sie beide Jürgen Klinsmann unterstützen, das zeugt von charakterlicher Stärke. Für mich gibt es da keine Frage: Ulf Kirsten und Oliver Bierhoff verdienen den Fairneßpreis.

Berti Vogts

VIZE-MEISTER
1904
BAYER
Leverkusen
1996 - 1997
adidas

Saisonende 97/96: Ulf Kirsten (mit Sohn Benny), der beim letzten Spiel gegen Bochum wegen einer Gelbsperre zuschauen mußte, bei der Feier der deutschen Vizemeisterschaft für Bayer 04 Leverkusen.

DIAO
25
DUMAS
5

Platz drei - Bayer 04-Feeling setzt sich durch

Selbstverständlich sollte es etwas mehr sein als im Jahr zuvor mit dem zweiten Platz, dem größten Bundesliga-Erfolg der Vereinsgeschichte. Die Plazierung nach der Saison 97/98 brachte letztlich den Beweis, daß sich Bayer 04 als dritte Kraft der Bundesliga etabliert hat. In der Champions-League kam erst gegen Real Madrid im Viertelfinale das Ende. Der Imagegewinn war unermeßlich.

Die Dienstreise nach Frankreich zur Sommer-Gala der weltbesten Fußball-Nationen, von der er sich so viel verspricht, tritt Ulf Kirsten in jeder Hinsicht topfit an. In der Bundesliga und in der Champions-League hat er sich in der Meisterschaftsrunde 1997/98 sehr zur Freude der Fans und Kollegen im Klub nach Herzenslust auf die WM eingeschossen. Wie hautnah und beinhart es international zur Sache geht, haben ihm die Leverkusener Euro-Fights in der „Königsklasse" zur rechten Zeit wieder mal bewußt gemacht. Ein ideales Schulungsprogramm für „France 98". Den nationalen Wettstreit der zielsichersten Turbolader um die „Kicker"-Kanone hatte er schon früh für sich entschieden, obwohl ihn die DFB-Sportgerichtsbarkeit um die Jahreswende für einige Wochen aus dem Verkehr zog. Kurz vor Saison-Ultimo gestanden die Fußballfreunde zwischen Hamburg und München dem Bayer-Torjäger bei der sogenannten Sonntagsfrage („Wie sollte die deutsche Nationalelf aussehen, wenn am Sonntag das erste WM-Spiel angepfiffen würde?"), die man aus der politischen Demoskopie kennt, mit Mehrheit (knapp vor Bierhoff und weit vor Klinsmann) den ersten Anspruch auf einen Stammplatz im Sturm zu.

Herzliche Umarmung zwischen den beiden Stürmern Ulf Kirsten und Eric Meijer.

Kein Wunder, daß sein Gepäck überquillt vor Selbstvertrauen. Zudem hat Kirsten seine wichtigste persönliche Angelegenheit rechtzeitig zu seiner hundertprozentigen Zufriedenheit geregelt, so daß er den Kopf frei hat für einen guten Job. Er hat sich für drei weitere Jahre vertraglich an den TSV Bayer 04 Leverkusen gebunden und auch den nächsten überschaubaren Teil seines anschließenden erwerbstätigen Lebens für diesen Verein gesichert. Er hat alles in allem prima abgeschnitten in dieser WM-Saison. So gut wie es einem Mann seiner Klasse zusteht, der anhand der allwöchentlichen Einschußlisten schwarz auf weiß nachweisen kann, daß er seinen Auftrag erfüllt, und der sich dank Neigung und kluger Beratung zu einer Identifikationsfigur für den Klub gemausert hat.

Dabei lief es für das Bayer-Team in der Bundesliga anfangs bei weitem nicht so rund wie erhofft und gewünscht. Die erfolgsverwöhnten und –hungrigen Fans spekulierten vor allem in blindem Vertrauen auf die Ausstrahlungs- und Gestaltungskraft des Trainers Daum, der ihnen ja auch in dieser Beziehung nicht über den Mund fährt, erwartungsfroh, der Vizemeister werde sich um einen Platz verbessern. Dabei waren die Verhältnisse jedenfalls anfangs nicht danach. Die Champions-League mit ihren sagenhaften Möglichkeiten der Selbstdarstellung und –verwirklichung im Kopf, taten sich die Spieler im Meister-

Interview nach dem Spiel für das eigene Stadion-TV mit Moderator Michael Feldhoff

schaftsalltag zunächst schwer. Ferner hatten einige erhebliche Mühe mit dem zusätzlichen Druck, sich in Diensten ihres jeweiligen Nationalteams auch noch für die WM zu qualifizieren. Der Streß monatelanger Beschäftigung in drei bis vier Wettbewerben und der damit verbundenen Reisestrapazen ohne Ende forderte trotz des feinfühlig dosierten Trainings seinen Tribut. Verletzungen blieben nicht aus, und Daum sah sich bestätigt, als er auf die Verpflichtung eines starken „zweiten Anzugs" gepocht hatte. Der Bayer-Expreß kam selbst im ständig ausverkauften Ulrich-Haberland-Stadion nur langsam auf Touren.

Kirsten bleibt mit seinen Toren indes eine Konstante. Keiner jubelt so telegen und keiner verschafft sich auch so oft Anlaß dazu wie er. Die Bilder, in denen er seine Leidenschaften auslebt, sind Belege für ge-

Das Dankeschön an den Flankengeber Jan Heintze, links freut sich der Norweger Bent Skammelsrud

wonnene Punkte und Prämien. Er ist jetzt ein gefragter Mann in jeder Beziehung. Intern im Mannschaftsgefüge und in den manchmal vielschichtigen Mehrecksbeziehungen zwischen Trainerstab und Spielern sowie nach außen als Partner der Medien. Das ist neu für ihn. Teamarbeiter war er immer, aber vor allem Einzelgänger. Kirsten nimmt die Rolle an.

Im Oktober hat sich das sagenhafte Bayer-04-Feeling wieder durchgesetzt. Die Mannschaft startet in der Bundesliga eine Serie von 21 Auftritten ohne Niederlage, die erst am 11. April 1998 mit der 0:1-Niederlage in Wolfsburg endet. Dieser Rückschlag bedeutet (nach dem enttäuschenden 1:1 zu Hause gegen Borussia Mönchengladbach) gleichzeitig Endstation für sämtliche zwischenzeitlich durchaus realistische Träume, die schwächelnden Kaiserslauterer Himmelsstürmer, die man zuvor auf dem Betzenberg mit 3:0 geschlagen hatte, oder die Münchener Bayern noch abfangen und sich erneut für die Güteklasse 1 in der Champions-League qualifizieren zu können.

Das Ende der Aufholjagd bedeutete freilich keineswegs das Ende der Zukunftssicherungsmaßnahmen. Denn die Mannschaft, die zwar Daums erklärtes Ziel sich, „als dritte Kraft im deutschen Fußball zu etablieren“, umgesetzt hat, will natürlich ihre Teilnahme am lukrativen UEFA-Cup-Wettbewerb unter Dach und Fach bringen. Das gelingt nicht zuletzt dank Kirsten-Toren auch relativ früh.

Das Heimspiel nach der Pleite in der VW-City gewinnt die Bayer-Elf gegen den Hamburger SV mit 5:0. „Ist der Ulf gut, ist die Mannschaft gut“, kommentiert Daum die überragende Vorstellung seiner Nummer 9. Den Treffer zum 2:0 markiert der Torjäger selbst im Sturzflug mit dem Kopf. Der Abschluß geht mit einem Eigentor auf das Konto seines restlos überforderten Gegenspielers Ingo Hertzsch.

Der Rest ist Achterbahn-Fußball. Die Rechenakrobatik ist endgültig vertane Zeit nach dem 1:2 in München bei den Bayern. Ergebnis und Einstellung führen beim Trainer zu einem verbalen Ausbruch, der der legendären Wutrede seines Kollegen Trapattoni kaum etwas nachsteht. Im anschließenden „Castor-Nachholspiel“ gegen Dortmund (2:2) ist Kirsten wieder mit Köpfchen zur Stelle und erhöht die Zahl seiner Kopfballtore nun schon auf acht. Im letzten Heimspiel gegen Hertha BSC (0:1) ist die Luft raus.

Für Ulf Kirsten war schon im Dezember Schluß mit lustig gewesen. Sein Ellenbogen-Check gegen Thomas Linke in der Schlußphase des Bundesligaspiels gegen Schalke 04, von Schiedsrichter Wolfgang Stark aus Landshut nicht wahrgenommen und von der Fernsehkamera

Torsten Wohlert (MSV Duisburg): „Wenn ich gegen ihn spielen muß, ist mir meistens schon vorher mulmig, weil er einen schwindelig spielen kann.“

Ulrich-Haberland-Stadion
TUFFI
Gaffel-Kölsch
adidas
DIE BUNDES LIGA
BAUHAUS
ASPIRIN
reusch
adidas

Lizenzspielerkader 1997/98

Obere Reihe von links: Sportphysiotherapeut Dieter Trzolek, Emerson, Carsten Ramelow, Jens Nowotny, Stefan Beinlich, Robert Kovac, Manuel Cardoni, Boris Zivkovic, Zeugwart Klaus Zöller.

Mittlere Reihe von links: Cheftrainer Christoph Daum, Torwarttrainer Werner Friese, Paulo Roberto Rink, Erik Meijer, Dirk Lottner, Markus Feldhoff, Markus Happe, Niko Kovac, Martin Frydek, Zeugwart Harald Wohner, Assistenztrainer Roland Koch.

Untere Reihe von links: Andreas Neuendorf, Ulf Kirsten, Christian Wörns, Rüdiger Vollborn, Dirk Heinen, Rene Rydlewicz, Jan Heintze, Hans-Peter Lehnhoff.

entlarvt, läßt die Schlagzeilen explodieren und ruft die notorisch Betroffenen auf den Plan. Ein zunächst anonymer Zeitgenosse zeigt den Übeltäter sogar wegen Körperverletzung an. Die Kölner Staatsanwaltschaft legt zwar ein Aktenzeichen an, ermittelt aber nicht und stellt schnell ein. „Kirstens frischer Ruhm verblaßt mit einem Schlag" titelt die FAZ zweideutig. Die Wogen der Erregung stören auch empfindlich die Vorbereitung der Mannschaft auf das entscheidende Champions League-Vorrundentreffen mit AS Monaco, das Bayer 04 ins Viertelfinale bringen sollte. Kirsten wird von den Sportjuristen in Frankfurt mit markigen Worten gebrandmarkt und zu neun Wochen Sperre verurteilt. Die Berufungsverhandlung findet in wesentlich sachlicherer Atmosphäre statt. Die Strafe wird um eine Woche reduziert. Kirsten fühlt sich nach eigener Aussage diesmal fairer behandelt.

Ab sofort schweigt der durchaus reuige Sünder und gibt erst zwei Monate später wieder Antworten. Bis dahin hat er ja Zeit genug, sich seinen Reim darauf zu machen, wie man plötzlich als eine Art Outlaw an den Pranger gestellt hatte. Natürlich will die Welt am Ende der Bußwochen wissen, wie er sich auf die künftigen Gegenspieler einzustellen gedenke. Wie kann er wieder Tritt fassen? Wird er jene Aggressivität, die seiner Spielweise zu eigen ist, ab sofort im Spind lassen? Das komme nicht in Frage, versichert der Torjäger, würde ein solcher Verzicht doch auch seine Vorzüge entwerten. „Sicher, ich muß mich jetzt ein bißchen mehr vorsehen", räumt er ein und gibt zu bedenken: „Vielleicht werde ich von den Gegenspielern provoziert. Vielleicht gucken die Schiedsrichter genauer hin. Aber das muß ich in Kauf nehmen. Reine Kopfsache. Wenn man sich darauf eingestellt hat, ist das kein Problem."

Gesagt, getan. Beim 4:1-Heimsieg über Werder Bremen gelingen Kirsten zwei Treffer. Reine Kopfsache. Tags darauf geht er ins Wasser. Aqua-Jogging, die moderne Art des Auslaufens. Anschließend ist er noch müder, aber auch sehr glücklich und erleichtert. Bleibende Schäden sind zum Glück nicht zu vermelden. Instinkt und Zweikampfverhalten funktionieren wie gewohnt. Mit Entwarnung für die Konkurrenten kann und will der Schützenkönig nicht dienen.

Plakat in Wolfsburg: „Ohne Kirsten ist Leverkusen wie Flasche leer"

Aufatmen auch bei Trainer Daum, denn ein Torjäger sozusagen mit gebremstem Schaum, das hätte ihm angesichts der Schwerstarbeit auf der Schlußgeraden der Meisterschaft und der größten aller denkbaren Herausforderungen in der Champions League mit der scheinbar übermächtigen „Weltauswahl" der „Königlichen" aus Madrid gerade noch gefehlt. „Mit unserer Heimstärke haben wir in diesem Wettbewerb schon so manchen rausgedrückt", hofft Kirsten auf eine typische Bayer-Tugend, die freilich diesmal nicht ausreicht. Zu Hause gibt´s ein 1:1. Das ist trotz Beinlichs Freistoßtreffer zu wenig. Im Stadion Bernabeu zahlen die Deutschen beim 0:3 Lehrgeld und haben das Ende der Fahnenstange erreicht.

Daß er in einem ehrfurchtgebietenden Fußball-Tempel wie diesem, der Fata Morgana sämtlicher Fußball-Profis aller Leistungskategorien und Nationalitäten, eines Tages auf Torejagd gehen würde, daran hatte Ulf Kirsten keinen noch so kühnen Gedanken verschwendet, als er sich im Teenager-Alter daran machte, sein Spiel zum Leistungssport und seine bevorzugte Freizeitbeschäftigung zum Job zu machen. Zumal die Hindernisse damals unüberwindlich schienen.

BAYER 04 LEVERKUSEN
adidas
Bayer 04 Lever
LEVERKUSEN
BAYER 04 LEVERKUSEN
adidas
Bayer 04 Leverkusen

**Rückhalt
für die Mannschaft:
Bayer-Fans im Ulrich-
Haberland-Stadion.**

Sein Verhalten werde ich ihm nie vergessen

Nach der Wende lernte ich Ulf Kirsten im Kreise der Nationalmannschaft kennen und fand sofort einen guten Draht zu ihm. Er war für jeden Spaß zu haben, versuchte sogar stets, noch einen draufzusetzen. Besonders mit Andreas Thom bildete er menschlich ein eingespieltes Team. Sie kitzelten sich gegenseitig die Gags raus. Vom ersten Tag an beeindruckte mich sein Spiel, auch wenn er ein Konkurrent von mir werden sollte. Es trifft den Nagel auf den Kopf, wenn ich behaupte, er erinnert mich an Gerd Müller, den früheren Bomber der Nation. Faszinierend seine Power, seine Beharrlichkeit. Auf ihn ist Verlaß. Er geht dorthin, wo es wehtut, für die Mannschaft riskiert er Kopf und Kragen. Ohne daß wir lange darüber geredet hätten, bauten wir in unserem Spiel viel Verständnis füreinander auf. Mit ihm kann man jeden Gegner unter Druck setzen, wobei jeder von uns seinen eigenen Stil behalten hat. Welchen Torriecher er wirklich besitzt, bewies er beim WM-Qualifikationsspiel gegen Albanien. Eigentlich standen wir mit dem Rücken zur Wand, als er gleich dreimal am richtigen Fleck stand und uns ganz allein rettete.

Aus meiner Sicht verlief die Entwicklung bei Bayer 04 Leverkusen zu einem Topverein parallel mit der Steigerung des Ulf Kirsten. Leverkusen als Vorzeigemodell, das spiegelt sich auch bei Ulf wieder. Er bekommt im Spiel die notwendigen Bälle, macht seine Tore und sein Selbstvertrauen wächst.

Ehrlich gesagt, sein Motzki-Image, das er inzwischen ja abgelegt haben soll, konnte ich eigentlich nie so richtig nachvollziehen. Da kenne ich ganz andere Spieler, auf die eine solche Qualifizierung zutreffen würde. Es versteht sich doch von selbst, daß ein Vollblutstürmer wie er den Mund aufmachen muß, wenn es einmal nicht so günstig läuft. Doch wie ich ihn einschätze, geht es ihm ausschließlich um die Mannschaft, nicht um einzelne Personen. Derzeit präsentiert er sich jedenfalls recht umgänglich. Er scheint mit sich selbst im Reinen zu sein, was darauf schließen läßt, daß er vor allem familiär sehr gefestigt ist.

Den Stil, den er bewiesen hat, als es bei mir über einen längeren Zeitraum nicht lief, kann ich ihm nicht hoch genug anrechnen. Das werde ich ihm nie vergessen. Sein Verhalten bei der Nationalmannschft zeugt von sportlichem und menschlichen Fairplay und hohem Respekt vor seinen Mitspielern. Bundestrainer Berti Vogts und ich haben sich schon bei ihm persönlich dafür bedankt. Im Laufe der Jahre konnte ich ein Gefühl dafür entwickeln, ob es jemand ehrlich mit einem meint oder ob er nur eine Strategie damit verfolgt. Bei Ulf spüre ich die Echtheit seiner Aussagen und seines Verhaltens. Mit einem sportlichen Konkurrenzkampf können wir alle im Nationalteam leben. Die Entscheidung, wer bei der WM in Frankreich auflaufen wird, trifft Berti Vogts sowieso ganz alleine.

Jürgen Klinsmann

adidas

Atreyu
hummel

Sehr schön, wie wir miteinander umgehen

Selbstverständlich, es fällt einem nicht leicht, einen Mitspieler näher kennenzulernen, wenn man ihn nur bei einem Länderspiel zwei, drei Tage trifft. Die Zeit für längere Gespräche findet sich nur selten. Das tägliche Leben läuft für mich in Italien bei Udine ab, Ulf Kirsten verbringt seine meiste Zeit bei seinem Klub Bayer 04 Leverkusen. Es ist ja noch gar nicht so lange her, da kannte ich ihn nur aus dem Fernsehen, wenn die Bundesligaspiele übertragen wurden.

Obgleich wir uns noch nicht so lange kennen, kann ich heute ohne Übertreibung behaupten: Ich komme gut mit ihm aus, auch wenn wir Konkurrenten im Nationalteam auf einem Platz im Sturmzentrum sind. Ich empfinde es als ausgesprochen schön, wie wir miteinander umgehen.

Wenn wir uns zuletzt, als unsere nationalen Ligen noch nicht beendet waren, zu einem Länderspiel trafen, flachsten wir erst einmal über unsere Tore. Meistens hatte der Ulf am Samstag ein Törchen vorgelegt, ich konnte dann am Sonntag in Italien gleichziehen. So trieben wir uns gegenseitig an.

Wenn ich ihn beurteilen soll, fällt mir spontan nur dieser Satz ein: Ulf Kirsten ist zur Zeit der beste Stürmer der Bundesliga. In der Fußballsprache würde ich sagen, er ist sehr giftig und äußerst spritzig. Er gibt keinen Ball verloren und legt auf dem Platz Wege zurück wie ein Marathonläufer. Ich kenne kaum einen Spieler, der so für die Mannschaft arbeitet und dann noch Tore schießt wie Ulf Kirsten. Er hat meinen vollen Respekt.

Beide bringen wir, und das kann ich mit Bestimmtheit sagen, unsere Leistung im Nationalteam, aber auch in den jeweiligen Klubs. In Leverkusen gehört Ulf Kirsten inzwischen zu den wichtigsten Personen. Seine Arbeit beschränkt sich nicht nur auf das samstägliche Toreschießen, auch außerhalb des Platzes konnte er sich zu einer Führungsperson entwickeln, die von allen respektiert wird.

Wer letztlich von uns bei der WM in Frankreich spielen wird, hängt allein von den Gedankengängen des Berti Vogts ab. Die Frage kommt natürlich immer: Paßt ihr überhaupt zusammen, seid ihr nicht zu ähnliche Spielertypen? Zunächst habe ich auch gedacht: Mein Gott, Kirsten und ich, kann das gutgehen, stehen wir uns im Strafraum nicht gegenseitig auf den Füßen. Mein Fazit nach dem Länderspiel gegen Südafrika in Düsseldorf jedenfalls lautete: Wir kommen recht gut miteinander klar.

Mit drei Stürmern (Klinsmann, Kirsten und ich) können wir unser Spiel ganz gut variieren, wir sind nicht so leicht ausrechenbar. Das könnte unser großer Vorteil bei der WM in Frankreich sein.

Oliver Bierhoff

reusch
reusch
ASPIRIN
SPIRIN

Roland Koch läßt bitten: Zeit zum Training für die Bayer-Profis

Die Jugendzeit

Der Knabe, Sproß der Handwerkerfamilie Kirsten in der 1000-Seelen-Gemeinde Gohlis unweit der Arbeiter-Stadt Riesa, wollte schon von Kindesbeinen an eigentlich nicht viel anderes als ran. Ran an jeden Ball, ob aus Stoff, Gummi, zerbeultem Aluminium oder bestenfalls sogar aus Leder. Was dem kleinen Ulf im Weg war, bekam einen Tritt.

Ende der 60er und Anfang der 70er Jahre kam der Bub immer häufiger mit zerrissenen Hosen und zerbeulten Knien nach Hause. Seine Vorliebe für das Spiel mit dem Ball zeigte die ersten Ansätze von Leidenschaft. Der Fußballsport hatte gerade in der Region Sachsen, der Heimat des eleganten Nationalspielers und späteren international geschätzten Weltmeister-Trainers Helmut Schön, eine große Tradition und eine entsprechend interessierte und engagierte Anhängerschaft. Damals schauten sich die Fußballfreunde in der Deutschen Demokratischen Republik, so sie geographisch und empfangstechnisch überhaupt in der Lage waren, sich über die stattlichen Reglementierungen hinwegzusetzen und Westfernsehen auf die Mattscheibe zu zaubern, die Sportschau der ARD an, natürlich in schwarz-weiß. Die Sendung hatte dort Kult-Charakter. Die riesigen Einschaltquoten konnten freilich nicht gemessen werden und tauchten dementsprechend auch nirgends auf. Niemand in Ost und West konnte selbst in seinen kühnsten Träumen irgendeinen Gedanken daran verschwenden, daß es einen fernen Tages sowas wie die Fußball-Show „ran" geben würde.

„Wenn du auf dem Lande groß geworden bist, kannst du auch Eishockey spielen, machst Leichtathletik oder gehst zu den Handballern. Etwas anderes als Fußball kam aber für mich nie in Frage", erinnert sich Ulf Kirsten seiner ersten Schritte in eine Richtung, die er nicht mehr verlassen sollte.

Die Eltern Rosemarie und Walfried Kirsten hatten schon zwei Kinder, die zweijährigen Zwillinge Anke und Maren, als Ulf am 4. Dezember 1965 die männliche Fraktion im Hause verstärkte. Dem Vater war es trotz sämtlicher Verstaatlichungsmaßnahmen gelungen, sein Elektrogeschäft selbständig weiterzuführen, ein durchaus bemerkenswerter Fall von Selbstbehauptung. Er war aktiver Radsportler und hätte den Jungen gerne ebenfalls in die Pedale treten sehen, zumal diese olympische Disziplin in der DDR sehr gut gefördert wurde. Aber der hatte sich längst entschieden, trat lieber weiterhin gegen alles, was sich bewegte, und stellte sich stur, bis er seinen Willen durchgesetzt hatte. Die Eltern meldeten ihn daraufhin schon im zarten Alter von sechs Jahren bei Chemie Riesa an, dem nächsten größeren Fußballverein. Von dort wechselte der hoffnungsvolle Bursch' 1978 zum Nachbarklub Stahl Riesa. Die Dickköpfigkeit sollte nicht zu seinem Nachteil sein.
Die Karriere erhielt den ersten Schub, als der Fußball-Teenager Ulf ins Visier der kompetenten Talentspäher des DDR-Sports geriet, die bei ihrer Pfadfindertätigkeit in einer nahezu perfekten Organisation den Jugend- und Schulsport komplett im Auge hatten. Der bekannte Trainer Walter Fritsch hatte ihn entdeckt und dem Sport-Klub Dynamo empfohlen, der sofort zugriff. Je jünger, desto besser. Anfangs sehr zum Leidwesen der besorgten Mutter Rosemarie zog der 13jährige um ins 50 km entfernte Dresden. Gleich neben dem Stadion, wo die

überaus populäre Oberliga-Mannschaft häufig vor ausverkauftem Haus aufspielte, bezog er seine Bude im Sportinternat. Dort wohnten auf 16 Etagen die „Azubis" aus vielen Teilen des Landes unter einem Dach, fein säuberlich aufgeteilt nach den einzelnen Sportarten. Im Trikot der Mannschaft der KJS Dresden (Kinder- und Jugendsportschule) wurde Ulf zusammen mit seinem Spezi Jörg Stübner gleich DDR-Schülermeister.

Ulf war zunächst mal am ersten Ziel seiner Wünsche angelangt. Der Tagesablauf sah zweimal drei Stunden Unterricht und zweimal zwei Stunden Training vor. Die Zeit zwischen den beiden Übungseinheiten auf dem Sportplatz war für ihn die schwierigste, hielt er doch im Grunde seines Herzens alles, was man ihm sonst noch so beibringen wollte, für seine erklärte Berufswahl - „Fußballer!" - nicht nur für überflüssig, sondern sogar hinderlich. Immerhin, er bemühte sich aus gutem Grund nach Kräften, auch auf der Schulbank Leistung zu bringen. „Man durfte nicht zu schlechte Noten bekommen, sonst war Sense mit dem Internat, und für diesen Fall sah ich keine Alternative für meinen sportlichen Ehrgeiz. Außerdem dachte ich an später. Man ging doch damals noch davon aus, daß es mit 30 ein Ende haben werde mit der Kickerei. Dann wollte ich was vorzuweisen haben."

Der vielversprechende Nachwuchsspieler Ulf Kirsten, der seine Lehrjahre gerne mit Überstunden auf dem Trainingsplatz auskostete, hatte seine Position zunächst im rechten Mittelfeld. Von seinen Vorbildern, den großen Dynamo-Stars der 70er Jahre, die sich in allen möglichen Auswahlteams auch über die Republikgrenzen hinaus einen guten Namen machten, schaute er sich ab, soviel es ging. Als ein Mitspieler verletzt ausfiel, rückte er auf die rechte Bahn

vor, was ihm sehr gefiel: „Ich war Vorbereiter und nicht Goalgetter, das war o.k. für mich." Logisch, daß er diese Vorzugsstelle nicht mehr hergab.
Einverstanden aber war er vor allem, als er schon sehr bald nach Dienstantritt bei Dynamo die erste Leistungszulage kassieren konnte. Das bedeutete ihm mehr als bloße Anerkennung in Mark und Pfennig. Kost und Logis im Sportinternat waren ohnehin frei, aber diese 60 Mark an jedem Monatsultimo gaben ihm unweigerlich die Gewißheit, auf dem richtigen Weg zu sein.

Am Wochenende ging´s in der Regel nach den Spielen per Zug heim zu Muttern. Am frühen Samstagabend verkroch er sich vor der Glotze und ließ sich nicht stören. Ab 17.30 Uhr Berichte aus der DDR-Oberliga, dann ab 18 Uhr die Sportschau. Komplett in s/w. Standardprogramm.

„Ich war damals eingefleischter Bayern-Fan", berichtet Kirsten. Dem Jungkicker imponierte allerdings weniger das gepflegte Outfit der Renommierelf von der Isar als vielmehr deren blank gewienerten Arbeitsstiefel: „Ich habe so bei mir gedacht: Mensch, die kriegen für jedes Spiel neue Schuhe, so wunderschön weiß waren die drei Streifen." Da konnte man beim Blick auf die eigenen Treter direkt neidisch werden. So lassen sich denn auch die sportlichen und statusmäßigen Fortschritte des Fußballers Kirsten in der Folgezeit an der Qualität der Fußbekleidung ablesen: „Meine ersten Fußballschuhe waren tschechische Noppenschuhe aus Stoff. Da war ich gerade sechs. Mächtig stolz war ich, als ich dann mit neun Jahren Lederschuhe der DDR-Marke Ceha bekam, über die es später natürlich Witze gab, wenn man ´zäher` statt ´Ceha` betonte. Mit 16 wurde mein Kindheitstraum erfüllt: Die ersten adidas-Schuhe. Das war für mich durchaus so etwas wie ein neues Lebensgefühl. Ich habe sie gepflegt wie verrückt, die Stollen rausgefettet. Die Schuhe wirkten immer wie aus dem Ei gepellt."

In jungen Jahren schon die typische Kirsten-Haltung: Den Blick auf den Ball gerichtet, den Körper voller Spannkraft

Das neue Lebensgefühl verstärkte sich, als er 1983 die zweite Eappe in Angriff nahm. Wieder begleitete ihn der Kumpel Jörg Stübner, diesmal auf dem Weg in die 1. Dynamo-Mannschaft. Klaus Sammer, der Vater des späteren Liberos der deutschen Nationalelf, war zum Trainer berufen worden und nahm die begabtesten seiner abenteuerlustigen Gesellen aus der A-Jugend zur Blutauffrischung des Oberliga-Ensembles mit. Ulf Kirsten erfuhr von der Beförderung, als er mit seiner Freundin Diana, die er 1981 in einem Jugendklub kennen und lieben gelernt hatte, aus dem Urlaub kam. Er war jetzt 17 und von der Situation, auf die er mit Ehrgeiz und langem Atem systematisch hingearbeitet hatte, gleichwohl überrumpelt: „Plötzlich befand ich mich mit den Leuten in einer Umkleidekabine, die ich immer ehrfürchtig gegrüßt hatte: ´Guten Tag Herr Minge. Guten Tag Herr Häfner`. Das war zunächst komisch."

Der Neuling tat, was in dieser Branche für Greenhorns zu den ungeschriebenen Pflichten zählt. Er schleppte zusammen mit seinesgleichen Koffer und Bälle, verteilte auf dem Platz Hütchen und Leibchen und was der niederen Dienstleistungen mehr sind. Aber er ließ sich auch vom ersten Tag an nicht die Butter vom Brot nehmen. Daß

DYNAMO DRESDEN

die Spieler sich täglich acht Stunden im Bereich ihrer „Sektion" aufzuhalten hatten, störte ihn nicht, denn dort konnte er sozusagen von Staats wegen seinem Hobby/Beruf nachgehen.

Freilich, während der Kollege Stübner schnell einen Stammplatz enterte, kam für Kirsten nach ein paar bestandenen Bewährungsproben der übliche Leistungseinbruch. Fortan war er für einige Wochen entweder in der Nachwuchself oder auf der Reservebank zu finden. Doch er sorgte dafür, daß dies nur eine kurze Übergangsphase blieb.

Vom Enthusiasmus gerade der Anhänger in Dresden schwärmt Kirsten zuweilen heute noch. Sie hatten den jungen Draufgänger, der sich in der eigenen Belegschaft ebenso leidenschaftlich zu behaupten wußte wie gegen die unerbittlichen Kontrahenten im Match, sehr bald ins Herzen geschlossen. „Der Schwatte", wie ihn Fans und Freunde liebevoll riefen, stürmte mit der unverbrauchten Kraft des Emporkömmlings auf einen Platz im Stammpersonal. Nun hatte er es geschafft.

Gleichzeitig wurde das Leben des aufstrebenden Fußballstars zunehmend bürgerlich. Mit 18 verließ er das Sportinternat und bezog mit seiner „Sandkastenliebe" Diana eine eigene Wohnung. Jetzt konnte er seinen Mann stehen und eine Familie ernähren. Das Gehalt überwies die Polizeibehörde. Die Punktprämien gab's vom Dynamo-Verein. Wer was bekam, bestimmte der Trainer. „Aber gerecht" betont Kirsten mit Nachdruck. Will sagen, daß er nicht zu kurz kam, weil in der Regel seine Leistung stimmte. Zwischen fünf- und zehntausend Ostmark kamen (netto!) monatlich zusammen. 70 Prozent legte er „für später" auf die hohe Kante, der Rest deckte mühelos den täglichen Bedarf. Otto Normalbürger hatte zwischen 500 und 800 Mark im Portemonnaie.

Kirsten war ein gemachter Mann, der sich seiner Privilegien auch bewußt war. Er war sich sicher, daß er das bekam, was ihm zustand, sein Stück vom Kuchen. Von ihm jedenfalls gab es keine Beschwerden. Es entsprach allerdings seinem stark entwickel-

Warten auf den Ball: Ein Torjäger lauert auf seine Chance.

ten Sicherheitsbedürfnis, daß er seine Lehre fortsetzte und 1986 mit der bestandenen Prüfung zum Maschinenanlage-Techniker abschloß. „In der Hinterhand", räumt er ein, „habe ich immer noch mit der Möglichkeit gespielt, im Geschäft meines Vaters meinen Lebensunterhalt zu verdienen, wenn alle Stricke reißen sollten."
Doch dazu kam es nicht, denn die Karriere am Ball verlief weiterhin wie am Schnürchen. Im Frühjahr 1985 ereilte ihn erstmals der Ruf von Nationaltrainer Bernd Stange ins Auswahlteam der DDR. Damit hatte er die nächste Stufe auf der Leiter erklommen. Die Spieler bereiteten sich im österreichischen Lindabrunn vor, doch das half nichts. Ulf Kirstens erstes von insgesamt 49 Länderspielen ging in die Hose. Am 8. Mai hatten die Staatsamateure dem rot-weißen dänischen „Dynamit"-Fußball, der in dieser Epoche für Furore sorgte, wenig entgegen zu setzen und verloren 1:4.

Kirsten war fortan viel unterwegs, denn Dynamo Dresden war (mit Ausnahme der Spielzeiten 83/84 und 86/87) auch ständig in den Europapokal-Wettbewerben vertreten. In der Saison 1985/86 beispielsweise im Pokalsieger-Cup, denn am 8. Juni 1985 hatten die Sachsen im Ostberliner „Stadion der Weltjugend" das Endspiel um den FDGB-Pokal gewonnen. Der Gegner hieß BFC Dynamo Berlin. Hier der ungeliebte Klub des Stasi-Chefs Mielke, dort die Publikumsfavoriten von der Elbe. Es war ein Match in einer zugespitzten Stimmung, das so schnell keiner vergessen sollte. Die Dresdener nicht, weil sie gegen den Abonnementsmeister 3:2 gewannen. Die Berliner nicht, weil ihnen Hohn und Spott des Publikums entgegenschlugen. Und auch Schiedsrichter Rossner nicht, weil er danach für ein Jahr aus dem Spielverkehr gezogen wurde. Er hatte -zum Wohle des BFC - fast zehn Minuten nachkarten lassen. Was am Ende allerdings auch nichts half. Im Berliner Dreß wirbelte damals Andreas Thom mit, im Dresdner natürlich Ulf Kirsten. Gut fünf Jahre später sollten sie gemeinsam im Trikot von Bayer 04 Leverkusen die Bundesliga aufmischen. Aber das war Anno ´85 nicht mal vom Denkansatz her ein Thema.

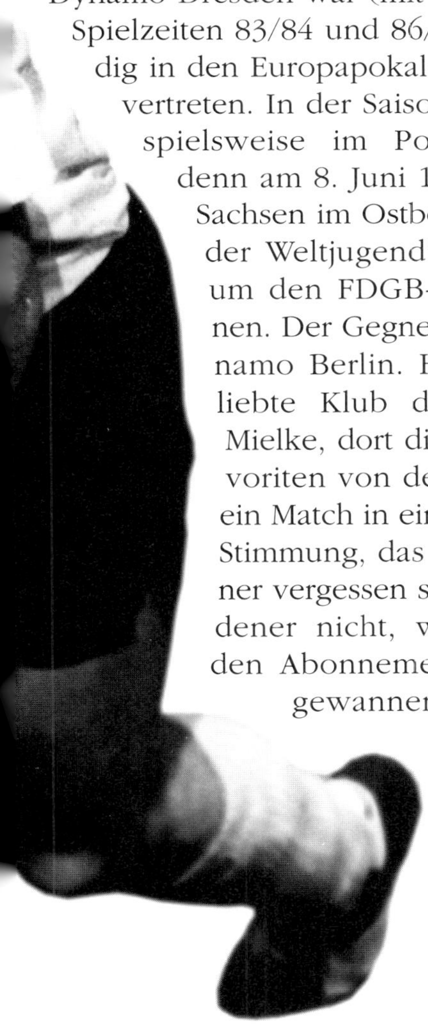

Die vielen Reisen der Athleten ins Ausland, namentlich ins westlich-kapitalistische, forderten natürlich die „Aufsichtspflicht" eines Staates besonders heraus, der seine Bürger nur mittels Minen und Mauern im Zaum hielt. Wer dem Klassenfeind ins Auge schaut, zumal als heranwachsender, von der künftigen Weltherrschaft des sozialistischen Systems vielleicht noch nicht komplett überzeugter Mensch, so die Überlegung, bedarf der umfassenden Fürsorge und einer besonderen Isolierschicht, an der sämtliche Versuchungen abprallen. Kirsten: „Im Vorfeld wurden unregelmäßig Mannschaftsbesprechungen angesetzt, in denen wir über Land und Leute informiert wurden. Es gab Ratschläge, Verhaltensmaßregeln, Warnungen nach dem Motto: Geht in Gruppen raus, nie einzeln, laßt euch nicht ansprechen! Bei Europacup-Spielen gegen Bundesliga-Klubs referierte jedesmal ein Sportjournalist über die Vereine, die Spieler, das System. Letztlich war das alles ziemlich harmlos, wenn man`s recht bedenkt." Dennoch, es entstand der Eindruck, als befinde sich die Deutsche Demokratische Republik, sobald junge Leute ihr Territorium verließen, in permanenter Notwehrsituation, weil irgendwann eine feindliche Übernahme durch die kapitalistische BRD drohte. Er selbst, so Kirsten, hätte sich jederzeit problemlos absetzen können: „Ich hatte allerdings keinen Paß, weil

SG DYN
FDGB-
robotron
MESSELEKTRONIK
VEB KOSORA
00:00
DYNAMO
DRESDEN

O DRESDEN
KALSIEGER
985
DYNAMO DRESDEN

der von der Mannschaftsführung einbehalten wurde. Aber ich wäre nie abgehauen, denn ich hatte doch Frau und Kind sowie meine Eltern mit ihrem Geschäft."

Natürlich war Republikflucht unter diesen Elitesportlern, die sich ja mühelos informieren konnten über ihre verlorenen Chancen im Vergleich zu den hoch dotierten Kollegen im Westen, jederzeit im Gespräch. Sie diskutierten untereinander über die gelungenen Absetzungsaktionen etwa von Norbert Nachtweih, von Dirk Schlegel, Falko Götz oder des Trainers Jörg Berger. Natürlich sorgten vor allem die gelungenen Fluchtversuche in den westlichen Medien für erhebliches Aufsehen. Die anderen blieben meistens im Dunkel. Die dramatischen Umstände einiger von langer Hand und mit westlicher professioneller Fluchthilfe eingefädelter mißlungener Manöver wurden teilweise erst nach der Wende (vorallem durch Berichte in den Stasi-Akten der Gauck-Behörde) öffentlich. So las sich etwa die Geschichte jener drei Spieler, die bei Antritt einer Reise in den Westen unter ominösen Voraussetzungen auf dem Rollfeld des Ostberliner Flughafens Schönefeld zurückgehalten und verhört wurden, wie ein schlechter Krimi. Für die Betroffenen war es allerdings eine böse Geschichte.

Natürlich unterhielt man sich auch über diese Vorgänge unter den Sportlern der Republik intensiv. Dabei kamen auch Gerüchte oder sogar durch handfeste Hinweise gesicherte Informationen über ernste Folgen für Republikflüchtlinge sogar noch nach der Flucht an deren neuen Aufenthaltsorten, vor allem aber für zurückgebliebene Angehörige zur Sprache. Der Fall des tragischen „Unfalltodes" des Fußballers Lutz Eigendorf (Eintracht Braunschweig) sorgte auch unter den Leistungssportlern in der DDR für erhebliches Aufsehen.

Obwohl die Aufpasser alles unter Kontrolle glaubten, setzte sich 1986 der Spieler Frank Lippmann bei einem Europacup-Gastspiel von Dynamo Dresden in Krefeld von der Delegation ab. Das geschah am Rande jener denkwürdigen Begegnung, die der deutsche Pokalsieger (West) Bayer 05 Uerdingen, nachdem er das Hinspiel gegen den deutschen Pokalsieger (Ost) Dynamo Dresden mit 0:2 verloren hatte, in der heimischen Grotenburg-Kampfbahn trotz 1:3-Rückstands zur Pause noch mit 7:3 gewann. „Wir hatten schon nach 45 Minuten das Gefühl, daß wir noch ein Tor machen müßten, um nicht auszuscheiden", erinnert sich Kirsten.

Lippmann verschwand nach dem Spiel bei Nacht und Nebel durch den Hotelkeller. Sein damalige Mitspieler Kirsten: „Frank hinterließ eine Nachricht für seine Freunde Pilz und Trautmann. Die zeigten den Zettel dem Trainer - ein großer Fehler. Während wir trainierten, wurden die beiden von Stasi-Leuten verhört."

Durch Lippmanns Republikflucht bekamen die Aufpasser natürlich sozusagen „über Nacht" erhebliche Probleme wegen Vernachlässigung der Aufsichtspflicht und sahen sich zu Hause unangenehmen Fragen ausgesetzt. Zumal auch dieser Vorgang in den bundesdeutschen Medien groß „gespielt" wurde.

Ulf hatte allerdings schon vorher unliebsamen Kontakt mit den Leuten dieser Behörde gehabt, die ihn als unbedarften 18jährigen zur sogenannten informellen Mitarbeit überredet hatten. Doch sehr zum Leidwesen des Schnüffel-Ministeriums wurde daraus nichts, denn der Konfident lieferte nichts Brauchbares. Daß ihn diese Bagatelle irgendwann nochmals kurzfristig um den Schlaf bringen würde, konnte er zu diesem Zeitpunkt nicht ahnen. Dazu später mehr.

„Ich war damals eingefleischter Bayern-Fan", berichtet Kirsten. Dem Jungkicker imponierte allerdings weniger das gepflegte Outfit der Renommierelf von der Isar als vielmehr deren blank gewienerten Arbeitsstiefel.

Schlagerspiel Dresden – B[...]

DRESDEN wurden 28 000 Zu-
[...]er vom Gastgeber mit einem
[...]hungsvollen Musiktitel auf das
[...]mo-Duell eingestimmt: „Guten
[...]gen, liebe Sorgen, seid ihr auch
[...]n alle da?" War das eine An-
[...]lung auf die Gesamtsituation
[...]erhalb des DFV oder mehr auf
[...] Lage der SG Dynamo Dresden?
[...] es drum. Das „Familientreffen"
[...] Vizemeister gegen den Meister
[...]C Dynamo (3:1) war ein Spiel,
[...]essen man sich als Dauer-Besucher
[...]nseres Fußballs gern erinnert und
[...]as selbst gehobeneren Ansprüchen
[...]genügte. Obendrein ist da auch der
[...]Beweis erbracht worden, daß es ja
besser geht und wir uns mit dem so
oft zitierten Mittelmaß an Leistungen
als Kritiker nicht abfinden müssen
(und werden).

DER DRESDNER FUSSBALL lebt von Emotionen. Dieses Fluidum ist leistungsstimulierend, herausfordernd, gar provozierend. Da springt der Funke eines erwartungsvollen Publikums mobilisierend auf die Leistungen der eigenen Spieler über, so daß es gerade in solchen Begegnungen immer wieder zu erstaunlichen Steigerungen kommt. Derart attraktiven Fußball, der sowohl gelungene Spielzüge, tolle Zweikämpfe als auch herrliche Tore beinhaltet, ist leider immer noch die Ausnahme denn die Regel. Spieler wie Häfner, Sammer und vor allem Pilz überzeugten jedenfalls Sonnabend als Fußballer mit Weitblick, und Nationalspieler wie Stübner, Döschner, Kirsten und Minge kämpften so engagiert, daß man sie im Vergleich zu jüngsten (Freundschafts-) Länderspielen nicht wiedererkannte. Solcherlei Souveränität war spielentscheidend.

REINHARD HÄFNER nannte noch einen anderen Grund: „Wir haben jetzt zum dritten Mal hintereinander gegen den BFC zu Hause gewonnen und jedesmal 0:1 in Rückstand gelegen. Mit diesem frühen Tor des Meisters wiegten wir ihn in Sicherheit und wurden selbst gezwungen, die Initiative zu ergreifen. Das wiederum ist uns optimal gelungen." Ursache dafür dürfte auch der Wiedereinsatz von Hans-Uwe Pilz gewesen sein. Nach achtwöchiger Pause und nur sieben Tagen Mannschaftstraining stellte sich der Dresdner fit und als Ideengeber ohnegleichen vor. Damit hatte Dresden ein Übergewicht.

DER BFC DYNAMO quittierte indes die erste Saison-Niederlage. Ein Unglück ist das nicht. In Dresdens Kessel kann man durchaus verlieren. Bedenklich schien uns jedoch, daß man den Kontrahenten förmlich so

Verlängerung mit Einwürfen

Von Klaus Feuerherm

stark machte. Individuelle Fehler führten so zu den Gegentoren, was Ausdruck einer indiskutablen Abwehrleistung darstellte. Das Mittelfeld war auch nie Bindeglied zwischen Abwehr und Angriff. Und dadurch wiederum beraubte man sich selbst der Wirkung seiner schärfsten Waffen. Thom und Doll schienen mehr damit beschäftigt, Bälle zu organisieren, als Vorlagen zu verwerten. In diesen Negativ-Rahmen paßte Eike Küttners Feldverweis. Erst bekam er eine von sechs Gelben Karten, dann nach zwei Ermahnungen (!) für vier weitere Foulspiele die Rote. Niemand unterstellt in diesem Fall einen Vorsatz. Aber wer so „unglücklich" spielt, dem kann durch eine Auswechslung geholfen werden. Auf diese verzichteten aber die Trainer. Eingedenk von 27:25 verursachten Freistößen zieht das BFC-Argument ungleicher Zweikampfbeurteilung nicht ganz. Die Ursachen für die Niederlage waren anderer Natur. Die Dresdner Stärke dürfte die wichtigste gewesen sein.

Licht und Schatten

Ulli Pröger: Die Dresdner Dynamos bewiesen allen Zweiflern, vor allem aber sich selbst, daß sie das Fußballspielen nicht verlernt haben. Eine große Kulisse im Dresdner Dynamostadion sah einen leidenschaftlich agierenden und mannschaftlich geschlossen wirkenden Platzbesitzer, der vor allem im Mittelfeld, (erstmals wieder mit Pilz) deutliche Vorteile besaß. Bester Mann auf dem Feld jedoch war Ulf Kirsten, der nacheinander von vier BFC-Spielern nur auf Kosten von Gelben Karten gestoppt werden konnte. Kirschen schöpfte beim Feldverweis von Küttner (wiederholtes Foulspiel) das Regelwerk voll aus.

Elf des Tages

Hoffmeister (Erfurt)

Wagenhaus (HFC)

Döschner (Dresden) – Zötzsche (1. FC Lok)

Schlünz (FC Hansa) – Krause (Jena) – Stübner (Dresden) – Weilandt (FC Hansa)

Kirsten (Dresden) – Marschall (1. FC Lok) – Glowatzky (FCK)

Lobend erwähnt: Sammer, Pilz, Minge (alle Dresden), Rudwaleit, Rohde, Thom, Doll (alle BFC), Peschke (Jena), Hause, Wawrzyniak (beide FCV), Stahmann (1. FCM), Ringk, Demuth, Jeske (alle Brandenburg), Kruse (FC Hansa), Müller, Liebers (beide 1. FC Lok), Ziffert, Richter (beide FCK), Sirocks, Unglaube (beide 1. FC Union), V. Schmidt, Weißflog (beide Aue).

• Ulf ist in der Elf des Tages zum 2. Mal in der Saison

• Dresden rutscht auf Rang 6

Die erste Saisonniederlage für Meister BFC Dynamo gab es am 7. Spieltag der Fußball-Oberliga bei Dynamo Dresden. Uwe Pilz (rechts), der hier den Ball vor Köller sichert, hatte daran maßgeblichen Anteil. Foto: Gröning

• Ulf wurde in der 84. min mit beidseitigem Krampf aus dem Spiel genommen!

D. Dresden – BFC 3:1 (2:1)
HFC – Hansa Rostock 2:2 (1:0)
Karl-M.-Stadt – Lok Leipzig 2:2 (1:1)
Vorw. Frankfurt – Magdeburg 3:0 (1:0)
Union Berlin – Aue 3:2 (1:1)
Stahl Brandenburg – Erfurt 2:0 (1:0)
Jena – Stahl Riesa 1:0 (1:0)

• 28 000 Zuschauer
• 1 rote Karte und 6 gelbe Karten
• Ulf bester Spieler aus der Mannschaft

Leidenschaft und [...]

Dynamo Dresden–BFC Dynamo 3:1 (2:1)

Dynamo (schwarz-gelb): Teuber – Lieberam – Diebitz, Trautmann, Döschner – Häfner (ab 75. Gerstenberger), Stübner, Sammer, Pilz – Kirsten (ab 83. Gütschow), Minge; **Trainer:** Geyer.

BFC (weinrot): Rudwaleit – Rohde – Ksienzyk, B. Schulz, Köller – Küttner (56. Platzverweis), Ernst (ab 79. M. Schulz), Backs – Doll, Pastor (ab 83. Fügner), Thom; **Trainer:** Bogs.

Schiedsrichterkollektiv: Kirschen (Frankfurt/O.), Habermann (Sömmerda), Hirschelmann (Leimbach); **Zuschauer:** 28 000 im Dynamo-Stadion, Dresden.

Anmerkungen: 6:7 (3:3) Ecken. Feucht-kühles Herbstwetter, sehr gute Rasenfläche. Vor dem Spiel wurden Döschner und Kirsten für ihr 500. und 200. Spiel im Dresdener Dreß geehrt. Verwarnungen wegen Tretens an Lieberam, Trautmann (beide Dresden) sowie Köller, Pastor, Küttner (alle BFC), wegen Reklamierens an B. Schulz (BFC). Küttner (BFC), zuvor verwarnt und ermahnt, erhielt wegen wiederholten Foulspiels Platzverweis. Verursachte Freistöße: 25:23 (12:14). Fair play: beide befriedigend.

Torfolge: 0:1 Thom (8.). Ksienzyk bringt einen Freistoß von rechts mit Effet vor das Tor. Dort steigt Thom am höchsten, plaziert seinen Kopfball scharf in die linke untere Ecke. **1:1 Stübner (14.).** Minge macht sich mit zwei kurzen Haken von B. Schulz frei, legt den Ball halbrechts in die Gasse für Stübner auf. Dessen Direktschuß paßt halbhoch in die rechte Ecke. **2:1 B. Schulz (44., Eigentor).** Steilpaß von Pilz auf Kirsten, der sich rechts gegen Köller, der noch wegrutscht, durchsetzt. Dann kommt seine flache Eingabe, die B. Schulz unerreichbar für Rudwaleit ins eigene Netz abfälscht. **3:1 Sammer (76.).** Sammer steigt unbedrängt nach einem Freistoß von Pilz hoch, köpft das Leder von halblinks an den langen Innenpfosten.

Wenn der Meister kommt, der eine neue Saison-Rekordkulisse auf die Beine brachte, dann wachsen den Schwarz-Gelben förmlich Flügel. So auch in diesem 45. Dynamo-Duell, das ohne Frage in die Kategorie der ansehenswerten, ja mitreißenden eingeordnet werden kann, „das Tempo, Schärfe, aber auch spielerische Klasse besaß". So das Urteil von DFV-Cheftrainer Manfred Zapf. Dabei investierten beide gleiche Anteile an Hingabe, Leidenschaft und Kämpfertum, die es für den EC-Mittwoch zu bewahren gilt (!), in diese turbulent-farbigen 90 Minuten, die nie ins Unfaire ausufer-

ten. Neben den sechs[...]
gen, logische Folge für[...]
beinahe naive Attacke[...]
weit mehr versöhn[...]
Händeschütteln, eine[...]
lichen Klaps auf die[...]
Kontrahenten. Und [...]
beram, früh verwar[...]
nach, was die Glo[...]
hat, verstanden ihr [...]
zügeln. Küttner ab[...]
sichtlich überforde[...]
Warum er zur Pa[...]
kühlt", eben aus[...]
verstand keiner!

Nach dem erste[...]
gentor von B. Sch[...]
lenmäßige Redu[...]
und entscheiden[...]
trotz ungebroch[...]
mehr kitten kon[...]
Platzherren, ges[...]
mehr Druck au[...]
heraus entwick[...]
bitz), an diesen[...]
drauf, „setzten[...]
durch", räumt[...]
wunden ein.

Auch er übe[...]
der Dresdene[...]
dieser Zone [...]
dynamischer[...]
Pilz, auf An[...]
der Anspiel[...]
genseite fe[...]
chen Stüb[...]
wechselsei[...]
linke Flan[...]
Tore be[...]
Durchsetz[...]
Ernst, Ba[...]
Nicht z[...]
aus wu[...]
Minge, [...]
rung na[...]
entlastet[...]
den Be[...]
die Flit[...]

Sam[...]
Dyn[...]

Nach dem Karl-M[...]

Neue [...] von Is[...]

„Prognosen sind nicht[...] Art, und wir haben auch[...] in Euphorie zu verfallen[...] ard Geyer in Karl-Mar[...] bohrenden Fragen der P[...] Chancenverteilung in W[...] wohnt sachlich. „Der E[...] europameister UdSSR, [...] was glücklich ausfiel, is[...] auf dem Weg zu eine[...] und sein größter Wert [...] darin, daß man mit Si[...] kann, als mit dauern[...] gen."In der Tat hat [...] Geyer/Vogel geschaff[...] [...] gelegene S[...]

8.10.1989 WM Qualifikationspiel in Karl Marx-Stadt, 2:1 DDR - UdSSR

…sse

…n- …ge, …och …en, …aft- des Lie- da- …agen …nt zu …näßig nicht. „abge- …wurde,

als Einzelkämpfer. Das hinterließ auf die Dauer bei ihnen Spuren, das erleichterte auch die Arbeit der engeren Dresdener Abwehr, in der die Achse Teuber–Lieberam–Trautmann neues Selbstvertrauen gewonnen haben dürfte. Und wenn beiden Dynamos bis zum EC-Mittwoch noch stärkere Flügel wachsen, dann …

Klaus Thiemann

…dem Ei- …se zah- zweite …er BFC …al nicht …aren die wirkend, Abwehr …ner, Die- …ch zu gut …nverdient …ogs unum-

…die Vorteile …feld, die in …ssiger, auch … agierten. …lagend, war auf der Ge- …stehaufmänn- …ammer, der in die freie …iesen, durch …schlossenheit, …en nach, das …ner abging. …ieser Zone her- Kirsten und …chtliche Steige- Eduard Geyer, …iel gebracht. Bei …egen operierten …nd Doll praktisch

Dynamo Dresden – BFC Dynamo 3:1 (2:1)

Offensive war Trumpf – Kirsten das Trumpf-A…

Wenn der S… meister und S… reiter beim … len-Neunten … sind die Ro… malerweise … teilt. Dres… dings hielt sich nicht an diese … und bot dem Kontrahente… Hauptstadt vom Anpfiff an … fensive war Trumpf. Ein Si… weil zum einen die prekär… Geyer-Schützlingen kei… ließ, zum anderen nur ei… gewinn das angekratzt… der Elbestädter aufmö…

28 000 sahen eine … leidenschaftlich gefü…

Die Schwarz-Gelb… Stübners Ausgleich… nach Belieben. Auf… bereitschaft selb… scheinenden Bäl… Pilz ein bemer… gab, wurden d… zente gesetzt. … ragende Man… such, seine …

…irsten versucht sich in der Szene oben von Gorlukowitsch zu lösen. Rechts faustet Tschanow den …all unter Bedrängnis durch Lindner ins Feld zurück.

Fotos: Thonfeld

● Die Einzelkritik:

Der Fight stimmte in unserer gesamten Elf!

Von Günter Simon

● **Dirk Heyne:** Absoluter Ruhepol, …ouveräne Strafraumbeherrschung, …cher bei Flanken. Vor keinerlei Pro…leme gestellt. Machtlos gegen Li…owtschenkos 18-Meter-„Hammer" (…74.), unhaltbar für den langen, ge…assen zuverlässig wirkenden Magde…burger Keeper.

● **Dirk Stahmann:** Reife, abgeklärte …artie. Stellungssicher, kompromiß…os in Zweikämpfen. Sehenswerte …liding Tacklings, so er an den Sei…enlinien dazu … Schlagsicher…

…erlahmend in der Motivationsfähigkeit für die gesamte Elf.

● **Mathias Lindner:** Was für eine Taktik-Aufgabe gegen den Weltklassemann Protassow! Ließ ihm anfänglich viel Raum, stoppte den antrittsschnellen Kiewer dann jedoch immer kälter am Boden und in Kopfballduellen. Letzter Einsatz gegen Tschanow. Aktiv wie lange nicht, auch mit deutlich verbesserter Schnelligkeit und Wirksamkeit.

● **Matthias Döschner:** Der Mann der unersch…ockenen Flügelsprints, des …trauens, der Angriffsaggres…ber auch der fehlerhaften … „Atze", wie er leibt und …chwerpunktverlagerungen …r korrekt. Schon überzeu…r Spielfitneß, doch uner… Spiel in die gegnerische …nd.

…er: Dem Turiner Sawa…mpfkraft um Längen …ichtige Widerpart für …Macher. Knallhart am …ch wie eh und je un…hnte sich selbst mit …beit zum Siegtref…es Energiebündel

…hatte die UdSSR an diesem Tage nicht in ihren Reihen!

● **Matthias Sammer:** Wuchs über den kämpferischen in einen bemerkenswerten spielerischen Stil hinein. Körpertäuschungen, jähe, überraschende Finten im Mittelfeld. Superpaß auf Kirsten (57.). Mit seiner besten Aktion, dem 14-Meter-Volleyschuß zum Siegtreffer (82.), verschaffte er sich selbst das Bad in der Menge. Wurde immer quirliger, selbstbewußter, spielbestimmender.

● **Rainer Ernst:** Mit dem Willen zur Regie, keine Frage, doch glücklos in zahlreichen Aktionen. 25-Meter-Flachschuß (32.) prüfte Tschanow. Unpräzise Pässe im Mittelfeld. War das Spieltempo für den langen „Blonden" zu schnell?

● **Rico Steinmann:** Seine Nominierung rechtfertigte er mit einem Aktionsradius, mit einem Fleißspiel, das den Klassemann auswies. Suchte Doppelpässe, bezog Sammer, Kirsten und Stübner mit ein. Eckballvorbereitung zum Ausgleich. Rettete anschließend in ganz bedrohlicher Situation vor Michailitschenko (89.).

● **Ulf Kirsten:** Der „Schwarze … keinem Zweikampf aus dem … Wie er sich durchtankte, trotz h… sten Foulspiels, das war Flügel…merspiel von der eindrucksvol… Art. Ließ Großchance aus (57.), s… nicht schnell genug. Bügelte di… Lapsus mit Kopfballeinsatz vor … Ausgleich aus. Enormer Leistungs…stieg des Dresdners.

● **Andreas Thom:** Hielt sich spie…risch lange bedeckt. Ließ über…schend Bälle zum Gegner pral…fand erst nach dem Wechsel ei… zwingenderen Rhythmus. Sein … Auswahltor kann (vielleicht) sein … deutsamstes gewesen sein. Da … agierte er eiskalt, instinktsicher … Nahdistanz.

● **Thomas Doll:** Nur 15 Minuten … Spiel, doch um Akklimatisierung … müht. Riesenchance nach Kirst… Thom-Vorbereitung. Im Strafra… am winkelverkürzenden UdSSR-T… hüter gescheitert. Ein Lupfer h… ihn zum König gemacht.

● **Uwe Weidemann:** Taktische … wechslung kurz vor Ultimo. Psyc… logisch mit im Siegjubel der gan… Elf.

„SZ" 10. Oktober 1989 Seite 5

…ädter WM-Qualifikationsspiel

…henexempel …bul bis Wien

…iner …und, Edu- …f die …euen 3 ge- Vize- …os et- …kstein …esicht, …lleicht … leben …nschlä- …nerduo …ge ver- …en der …en. Wie

mit die Fußballanhänger von Istanbul bis Wien zu neuen Rechenexempeln zwingt.

Beteiligen wir uns spaßeshalber mal an einer solchen Rechnerei: Die Türken dürften nach der Papierform zu Hause für einen Sieg gegen Österreich (25.10.) gut sein, brauchen jedoch einen weiteren Punkt aus der UdSSR (8.11.), um auf 8:8 Zähler zu kommen. Österreich, mit dem schlechteren Torverhältnis, müßte dann gegen die DDR (15.11.) unbedingt einen Sieg anstreben, was unsere Elf bei erfolgreicher Kontertaktik zum lachenden Dritten machen könnte. Gewinnt die Türkei gegen Österreich und verliert gegen die Sowjetunion, reicht unserer Auswahl in Wien ein Unentschieden.

So ist es nur verständlich, daß insbesondere im Alpenland die Karl-Marx-… reichlich Enttäu…

Mit seiner drangvollen Spielweise beschäftigt Ulf Kirsten gleich mehrere Gegner, hier Gorlukowitsch (Nr. 5), Alejnikow und Chidijatullin (Nr. 3).

Foto: ZB/Oberst

Die DDR-Auswahl kann dem Geschehen … den nächsten Wochen mit relati…

adidas
DDR

Karriere in der DDR

Kirsten, „der Schwatte", Publikumsliebling und auf der Direttissima nach oben, reiste mit der gleich doppelt düpierten Dynamo-Gruppe zurück. Nach eigenem Bekunden „ein unpolitischer Mensch", hatte er sich eingerichtet mit den Verhältnissen in der Heimat, lebte sich aus in seinem Traumjob und wurde trotzdem nie das Gefühl los, sich irgendwie in einer Einbahnstraße zu befinden. Seine Lebensplanung stieß im wahrsten Sinne des Wortes an Grenzen: „Vereinswechsel waren im DDR-Oberliga-Fußball absolut die Ausnahme, für Nationalspieler eigentlich sogar undenkbar." Die im Westen viel zitierte neue Herausforderung im Ausland war, so wie die Dinge sich nun einmal darstellten, auf unabsehbare Zeit nichts als eine Utopie und wurde als solche von dem Realisten Kirsten nicht ernsthaft ins Kalkül gezogen. Bei einem Jugendturnier im holländischen Groningen hatten ihm Vermittler mit Angeboten von Feyenoord Rotterdam und aus Glasgow von den Rangers in den Ohren gelegen, aber er hatte jeden Flirt abgelehnt. Da war er 18. Was damals nicht lief, kam für ihn später erst recht nicht in Frage, denn seit 1987 forderte Sohnemann Benjamin zusätzliche Aufmerksamkeit und Verantwortung. „Um die Jahreswende 88/89 war ich darauf eingestellt, für ewige Zeiten bei Dynamo zu spielen, zumindestens solange es leistungsmäßig für die 1. Mannschaft reichen würde. Und das war auch o.k. so", erinnert sich Kirsten.

Am Ende dieser unglücklich verlaufenen Saison, die für die Sachsen in dem deutsch-deutschen Krimi von Krefeld ihren Höhepunkt mit negativem Ausgang hatte, löste Eduard Geyer, der übrigens 1989 zum letzten Trainer der DDR-Auswahl und Nachfolger von Manfred Zapf berufen wurde, in Dresden Klaus Sammer ab. Die Mannschaft hatte sich nicht für einen europäischen Wettbewerb qualifizieren können. Auf den Stürmer Kirsten ließ der neue Coach natürlich nichts kommen: „Ein emotionsgeladener, dynamischer Typ. Er kämpft bis zur letzten Minute, läuft viel und ist stets gefährlich. Ein Mann wie er braucht jedoch auch viel Unterstützung."

Daß der Sprung ins internationale Geschäft knapp verfehlt worden war, traf einen besonders schmerzlich Ulf Kirsten. Diese europäische Bühne brachte ihn immer wieder auf Höchsttouren. „Das waren echte Highlights", schwärmt er noch heute, „diese Atmosphäre bei den Abendspielen mit unseren phantastischen Fans im Dynamo-Stadion hat mich richtig angetörnt." Europapokal in Dresden hatte durchaus seinen eigenen Ruf und Erlebniswert, der die Gastmannschaften beeindrucken konnte.

In der Saison 87/88 waren die Sachsen wieder dabei, schieden allerdings gleich in der 1. Runde des UEFA-Cups gegen Sparta Moskau aus. Am Ende dieses Wettbewerbs gewann unvergessen Bayer 04 Leverkusen den begehrten Pokal in den denkwürdigen Finalspielen gegen Espanol Barcelona. „Ich hab' die Reportage von der zweiten Partie mit dem spannenden Elfmeter-schießen als krönendem Abschluß im Radio gehört", berichtet Kirsten, „Westfernsehen konnten wir damals nicht in allen Teilen Dresdens empfangen."

Während sich der Titelverteidiger nach dem großen Triumph bei der folgenden UEFA-Cup-Ausspielung durch zwei 0:1-Niederlagen gegen Belenenses Lissabon gleich verabschieden mußte, stürmte Dynamo nicht zuletzt dank Kirstens Treffsicherheit bis ins Halbfinale. Die Sachsen schalteten den FC Aberdeen, die belgische

Bei einem Jugendturnier im holländischen Groningen hatten ihm Vermittler mit Angeboten von Feyenoord Rotterdam und aus Glasgow von den Rangers in den Ohren gelegen.

Elf SV Waregem (drei Kirsten-Tore beim 4:1-Heimsieg), im Achtelfinale AS Rom und im Viertelfinale Victoria Budapest aus. In der Vorschlußrunde langte es nicht mehr gegen den VfB Stuttgart, der seinerseits die Endspiele gegen das Maradona-Team SSC Neapel nicht erfolgreich abschließen konnte. Es folgten 89/90 für Dynamo die herbe Enttäuschung durch das Erstrunden-Aus im Meister-Cup gegen AEK Athen (1:0/3:5) und 89/90 immerhin der Sprung des Double-Gewinners ebenfalls im höchstdotierten Wettbewerb der UEFA ins Viertelfinale (durch Siege über Union Luxemburg und Malmö FF), wo Roter Stern Belgrad eine zu hohe Hürde darstellte. Damit sollte die ereignisreiche Europapokal-Historie der DDR-Klubs enden.

Als die deutsch-deutsche Demarkationslinie fiel, konnte sich die Bilanz des längst weit über die Republikgrenzen geschätzten Stürmers Ulf Kirsten sehen lassen.

Der erfolgsorientierte Kirsten, der sich mit Vorliebe an internationaler Konkurrenz zu messen pflegte, war in der glücklichen Lage, immer noch auf die Nationalmannschaft als willkommene Ausweichmöglichkeit zurückgreifen zu können, als es im Verein mit der Europacup-Qualifikation nicht klappte. Dem Erstlingserlebnis am 8. Mai 1985 im Trikot mit ehrenbekränztem Hammer und Zirkel beim 1:4 gegen Dänemark folgten die Partie gegen Luxemburg und sein erstes Tor in Norwegen. Aufsehen erregte im September ein 2:0-Sieg der als nicht gerade leistungsstabil geltenden DDR-Auswahl gegen Frankreich. Kirstens größte Enttäuschung: „Durch die 0:3-Niederlage in Wien gegen Österreich verpaßten wir 1989 wieder einmal den Zug zu einem großen Turnier, diesmal zur WM in Italien." Als die deutsch-deutsche Demarkationslinie fiel, konnte sich die Bilanz des längst weit über die Republikgrenzen geschätzten Stürmers Ulf Kirsten sehen lassen. Er hatte 49 Länderspiele absolviert, darunter auch jenes am 28. März 1990 im Berliner Friedrich-Ludwig-Jahn-Sportpark, in dem er beim 3:2 gegen die USA gleich dreimal ins Schwarze getroffen hatte. Daß es nicht zur runden 50 langte, lag daran, daß er ebenso wie Andreas Thom für das letzte offizielle von insgesamt 293 Länderspielen der DDR in Belgien (12. September 1990) verletzt absagte und es außerdem nicht zu dem für den 21. November 1990 geplanten Vereinigungsspiel im Zentralstadion von Leipzig kam. Der Altinternationale Gunnar Nordal hatte am 12. Februar im Rathaus von Stockholm die beiden deutschen Teams noch gemeinsam in die Qualifikationsgruppe 5 für die EM 1992 (in Schweden) gelost. Das wurde zum Anlaß für die Absage genommen, aber man hatte auch Bammel vor gewalttätigen Hooligans. Eine Fußnote der Fußballgeschichte, denn die politische Entwicklung im Herzen Mitteleuropas verwies diesen Zufallstreffer kurz darauf ins Archiv der Kuriositäten.

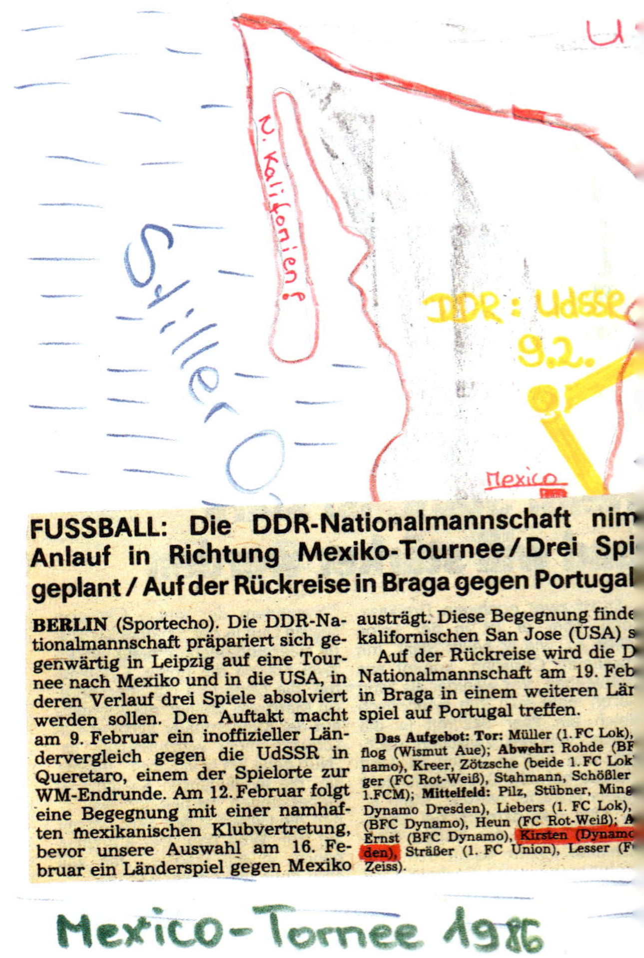

FUSSBALL: Die DDR-Nationalmannschaft nim Anlauf in Richtung Mexiko-Tournee / Drei Spi geplant / Auf der Rückreise in Braga gegen Portugal

BERLIN (Sportecho). Die DDR-Nationalmannschaft präpariert sich gegenwärtig in Leipzig auf eine Tournee nach Mexiko und in die USA, in deren Verlauf drei Spiele absolviert werden sollen. Den Auftakt macht am 9. Februar ein inoffizieller Ländervergleich gegen die UdSSR in Queretaro, einem der Spielorte zur WM-Endrunde. Am 12. Februar folgt eine Begegnung mit einer namhaften mexikanischen Klubvertretung, bevor unsere Auswahl am 16. Februar ein Länderspiel gegen Mexiko austrägt. Diese Begegnung finde kalifornischen San Jose (USA) s

Auf der Rückreise wird die D Nationalmannschaft am 19. Feb in Braga in einem weiteren Län spiel auf Portugal treffen.

Das Aufgebot: Tor: Müller (1. FC Lok), flog (Wismut Aue); **Abwehr:** Rohde (BF namo), Kreer, Zötzsche (beide 1. FC Lok ger (FC Rot-Weiß), Stahmann, Schößler 1.FCM); **Mittelfeld:** Pilz, Stübner, Ming Dynamo Dresden), Liebers (1. FC Lok), (BFC Dynamo), Heun (FC Rot-Weiß); A Ernst (BFC Dynamo), Kirsten (Dynamo den), Sträßer (1. FC Union), Lesser (F Zeiss).

Nationalmannschaft der DDR 1986
Ulf Kirsten, vorne zweiter von rechts

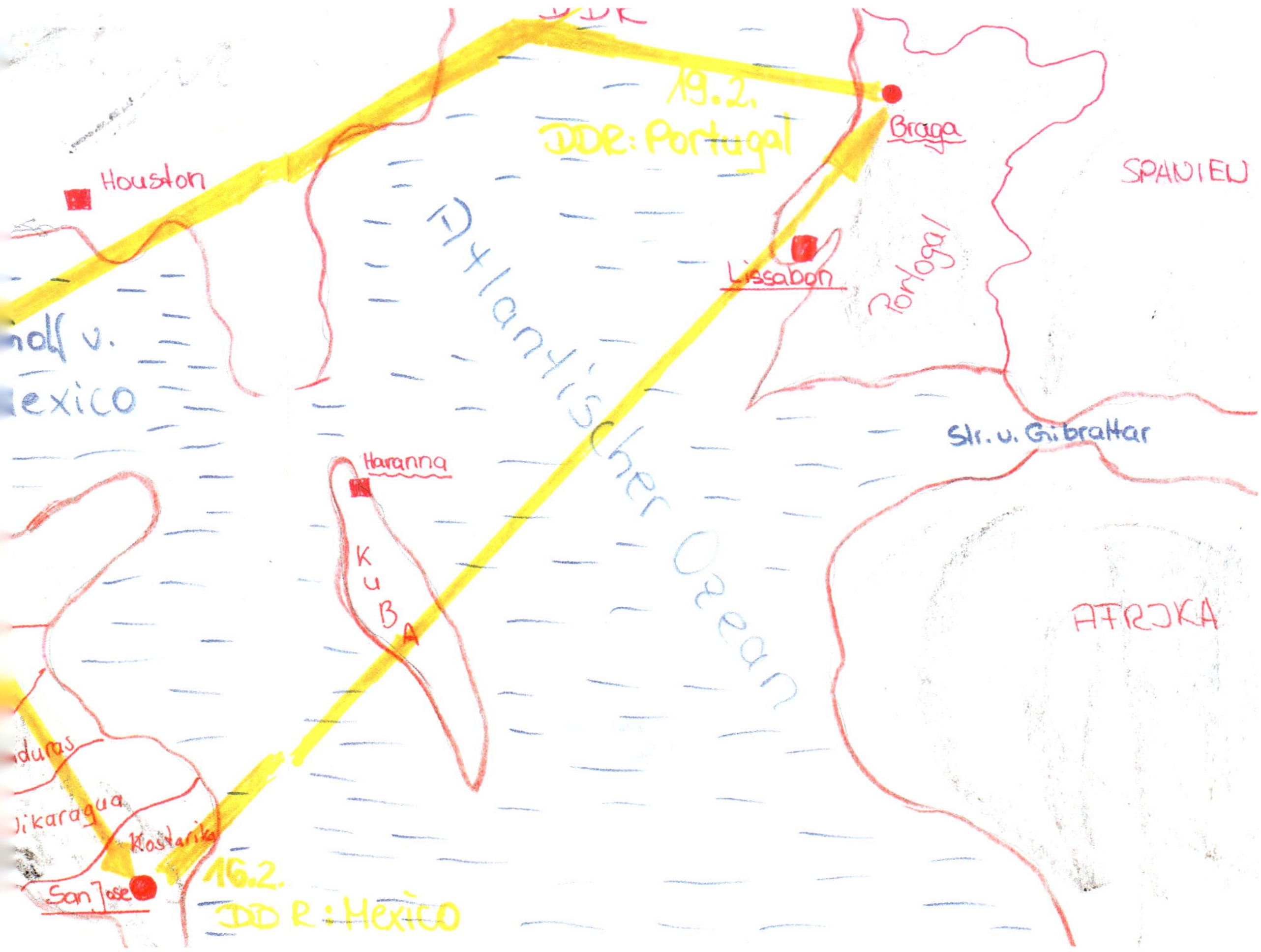

Einer gegen vier - Ulf Kirsten im Kampf mit dem „großen Bruder“ aus der damaligen UdSSR

THE NAME OF THE PEOP
WIR MACHEN
THE WALL
WE

Die Wende - der Wechsel

Die Stunde Null, ab der in Deutschland und natürlich auch weit darüber hinaus nichts mehr sein sollte wie es war, erlebten nicht wenige Zeitgenossen in der ersten sozialistischen Republik Deutschlands mit offenen Augen und Herzen, staunend oder auch mit Unbehagen, weil man die Folgen fürchtete. Sie vermochten sich beim besten Willen nicht vorzustellen, wie morsch dieser Staat längst geworden war und daß das Volk sich seiner ohne große Gegenwehr bemächtigen könnte. Die alten Kader, die schon den Versuch des Wandels durch Annäherung ausgesessen hatten, würden auch diesmal wieder den längeren Hebel bedienen.

Der Fußballer Ulf Kirsten dachte damals so wie viele dachten, die ängstlich darauf achteten, daß der eigene Hoffnungsschimmer angesichts der aufregenden Nachrichten allenfalls auf Sparflamme kochte, um sich nicht der Gefahr auszusetzen, anschließend von der Enttäuschung überwältigt zu werden: „Man hatte das unbestimmte Gefühl, daß etwas passieren könnte, gewiß. So in Richtung von etwas mehr Reise- oder Pressefreiheit vielleicht. Man hat sich überlegt, daß dieser Staat zwar seine Macht oft genug demonstriert hat, aber vielleicht auf diesen anhaltenden Druck flexibel reagiert, indem er mal die Schlagbäume kurz öffnet. Dann aber würde der alte Trott fortgesetzt. Daß es dann so quasi ratz-fatz ging, nein, damit hatten wir alle nicht gerechnet. Konnten wir doch auch nicht."

Die Monate des Umbruchs 1989 erlebte Kirsten, der sich kurz zuvor mit seiner Diana hatte trauen lassen, nach der Rückkehr aus dem Urlaub in Ungarn mit gespannter Aufmerksamkeit vor allem in allerlei Trainingslagern. Im Spätsommer nahm die Dresdener Dynamo-Mannschaft am Hafen-Turnier in Hamburg teil. Die Spieler sahen auf allen Kanälen live und in Farbe, was sich in ihrer Heimat an Unvorstellbarem ereignete. Nah dran waren die Nationalspieler, als sie sich im Frühherbst in Leipzig auf das WM-Qualifikationsspiel gegen die UdSSR vorbereiteten. Als in Berlin am 9. November die Mauer fiel, waren die Kicker der DDR-Auswahl in der Leipziger Sportschule an der Abt-Naundorfer-Straße beisammen, um sich auf ihre allerletzte WM-Chance im Spiel gegen Österreich einzustimmen. Als die Trabis Westberlin im Sturm einnahmen und die Menschen sich weinend in die Arme fielen, hatten die ewig Gestrigen keine Zukunft mehr. Daß es für sie fortan auch um viel Geld gehen könnte, dieses vage Gespür trieb natürlich den Adrenalinspiegel zusätzlich in die Höhe und verdrängte unter den Fußballern bald die Überraschung und Erleichterung. Entsprechend weit weg mit ihren Gedanken waren einige Akteure am 15. November im Wiener Ernst Happel-Stadion und so spielten sie denn auch. Die Gastgeber gewannen 3:0.

Mit auf der Reservebank der Ostdeutschen hockte an jenem Abend schon ein Chemielaborant aus Leverkusen, der sich mit einem Fotografenleibchen ausgestattet hatte und so in den Innenraum der Arena gelangt war. Wolfgang Karnath, bei Bayer 04 für die A-Jugend zuständig, knüpfte die ersten Kontakte zu der Riege der Sammers, Thoms und Kirstens. Der Winterschlußverkauf nahm seinen Lauf.

Nach der Jahreswende überschlugen sich die Ereignisse. Die sanfte Revolution trieb im Sportbereich stellenweise seltsame Blüten. Am 20. Januar 1990 gewann der 1. FC

Eduard Geyer (früherer DDR-Staatstrainer): „Ein emotionsgeladener, dynamischer Typ. Ulf kämpft bis zur letzten Minute, läuft viel und ist stets gefährlich. Ein Mann wie er braucht jedoch auch viel Unterstützung."

Union Berlin aus dem Ostteil das dreitägige, erste internationale Fußball-Turnier in der Werner-Seelenbinder-Halle mit Hertha BSC und dem ersten Auftritt einer HSV-Mannschaft mit „uns Uwe" Seeler als Stargast.

Am 27. Januar strömten 51 270 Zuschauer aus beiden Teilen der Stadt ins unterkühlte Olympiastadion und bejubelten anläßlich des 500jährigen Postjubiläums das 2:1 von Hertha BSC über den 1. FC Union Berlin. Es folgte besagte Auslosung der Qualifikationsgruppen für die EM in Schweden.

Am 26. März erlebten 36 000 Fans im Dresdner Dynamo-Stadion die Fußball-Gala einer deutsch-deutschen Auswahl (mit Beckenbauer, Dörner & Co.) gegen eine Weltauswahl. Endlich sahen die Fußballfreunde jene Stars leibhaftig zaubern, die sie in ihrer Jugend auf dem Bildschirm bewundert hatten und mit denen sie älter geworden waren. Die 1:3-Niederlage war unwichtig gegenüber der Einnahme von über zwei Millionen Mark für den Wiederaufbau des Dresdener Schlosses.

Als zusammenwuchs, was zusammengehörte, wurde auch diese Beiläufigkeit noch als bemerkenswert festgehalten: Wolf-Günter Wiesel, Referee aus Ottbergen bei Hildesheim, bildete am 29. März 1990 in Berlin als erster und einziger westdeutscher Unparteiischer im Rahmen eines DDR-Länderspiels mit den Assistenten Hellwig und Dr. Umbach das „Schiedsrichter-Kollektiv" beim 3:2-Sieg über die USA. Wiesels Schiri-Kollege Dr. Wolf-Rüdiger Umbach, Professor für Mathematik und Rektor der Fachhochschule Braunschweig/Wolfenbüttel, durfte (nach 76 Bundesliga-Einsätzen) als erster Schiedsrichter aus der BRD ein Oberliga-Match im Osten leiten. Die Partie zwischen Dynamo Dresden und dem Chemnitzer FC endete 1:1. Dr. Umbach erhielt die Note „entschieden gut".

Im Rahmen einer interessanten Chronologie der damaligen Ereignisse hat das Wochenblatt „Sport-Bild" anläßlich seines zehnten Geburtstags im Februar 1998 einige weitere lohnende Randnotizen festgehalten. Am 2. Oktober 1990, fünf Stunden vor der offiziellen Feier in Deutschland einig Vaterland, wurde im hessischen Bensheim an der Bergstraße zum letzten Mal die Hymne für ein Team der DDR gespielt. Die Handball-Frauen aus dem Osten schlugen die aus dem Westen mit 24:20. Doch das letzte Länderspiel Deutschland gegen Deutschland war selbst dieses nicht: Am 4. Dezember 1990, diesmal bei der X. Handball-WM in Seoul/Südkorea, traten die Damen erneut gegeneinander an. Abermals gewann das Ost-Team - und hatte sich damit für Olympia ´92 und die WM ´93 qualifiziert. Am 8. Dezember kam es jedoch zur Vereinigung der beiden Handball-Verbände DHB und DHV, womit diese Berechtigungsscheine wertlos geworden waren.

Die Wanderer zwischen den Welten waren damals übrigens in beiden Richtungen unterwegs. William („Jimmy") Hartwig verdingte sich als Trainer bei Sachsen Leipzig, Uwe Reinders bei Hansa Rostock an der Ostsee. Dazu gesellten sich diverse Profis: Peter Lux, Sergio Allievi und andere.

Den kuriosesten Kurs nahm indes der Handballer Thorsten Williges vom TSV Verden an der Aller. Er ging Mitte September 1990 im Vertrauen auf die womöglich demnächst blühenden Landschaften im Osten zum SC Empor Rostock. Weil dort allerdings schon die zwei erlaubten Legionäre am Ball waren, mutierte der Deutsche (West) zum Deutschen (Ost) - und ging damit in die Geschichtsbücher des internationalen Sports ein als letzter (für sechs Tage)

Schon früher eher mit dem Kopf am Ball als der Abwehrspieler.

spielberechtigter deutscher „Ausländer", der freiwillig DDR-Bürger wurde.

Ulf Kirsten schaute zwar 89 gebannt hin, doch der Sachse blieb eher skeptisch, selbst als ihn der Bayer-Kontaktmann Karnath in Wien ansprach: „Das war ja alles gut und schön, daß es diese Angebote gab, aber wer hat denn damit gerechnet, daß sie sich tatsächlich realisieren ließen?" Die politische und sportrechtliche Lage war verwirrend. Erst als Andy Thom im Dezember als erster DDR-Nationalspieler ganz legal in die westdeutsche Profi-Liga nach Leverkusen wechseln konnte, dämmerte es auch den Kollegen. Kirsten: „Da war uns allen mit einem Schlag klar, daß wir gehen würden." Nach zehnjähriger Verweildauer in der Sachsen-Metropole hielt er die Zeit für eine Luftveränderung für gekommen. Die gesellschaftliche Entwicklung in seiner Heimat und die freundliche Hilfestellung des Michail Gorbatschow spielten ihm dabei alle Trümpfe in die Hand. Umso besser. Vorher aber mußte er noch den ersten richtigen Arbeitsvertrag seines Lebens unterzeichnen. Schließlich wollte Dynamo Dresden an dem Goldjungen möglichst viele D-Märker verdienen.

Die Wende hatte endgültig auch den deutsch-deutschen Fußball erreicht. Von jetzt an war wirklich nichts mehr wie es gewesen war. Als einem der ersten sollte diese schwierige Selbsterfahrung einem gewissen Ulf Kirsten zuteil werden. Trotz seines Status als ausgewiesener Superstar der im weltpolitischen Handelsregister noch nicht endgültig gelöschten DDR fühlte er sich monatelang zum Spielball von Geschäftsinteressen degradiert. Seine Lebensdevise „Niemals warten – immer starten!", in dieser undurchschaubaren Lage half sie ihm nicht weiter. Denn irgendwann hatten sich Instanzen eingeschaltet, gegenüber deren Einfluß die Fußball-Funktionäre kuschen mußten. Als das Tauziehen ein Ende hatte, zog er zornig Bilanz: „Ich habe mich total hilflos gefühlt. Viele Leute haben versucht, meine Unkenntnis auszunutzen. Solche linken Dinger, wie sie da laufen, hätte ich wirklich nicht erwartet."

Die meisten westlichen Klubs, nicht nur aus der Bundesliga, erkannten blitzschnell, welche Perlen da plötzlich im Angebot waren, und suchten die Gunst der Stunde zu nutzen. Der latent ohnehin ständig vorhandene Reiz, das Können der Staatsamateure östlicher Prägung mit dem der West-Profis im Wettkampf zu messen, mehrte die Begehrlichkeiten. Kein Wunder, daß die Branche in Wien fast hundertprozentig zusammengeströmt war, als die DDR-Auswahl unmittelbar nach dem Fall der Berliner Mauer versuchte, mit dem Qualifikationsgegner Österreich und mit dem radikalen Umbruch fertig zu werden.

Kirsten weiß noch, daß sich der damals wie heute als Assistent von Christoph Daum tätige Fußball-Lehrer Roland Koch im Auftrag des 1. FC Köln wie ein Autogrammjäger verhielt und den DDR-Kickern auf dem Weg zum Bus verstohlen Visitenkarten mit der Bitte unterschob, telefonisch Kontakt aufzunehmen. Aber der Gesandte

Der Dank der Mitspieler nach einem Torerfolg im Nationalteam.

Reiner Calmund holte Ulf Kirsten nach Leverkusen

des auch jenseits der Grenze natürlich bekannten „Geißbock"-Klubs war im Irrtum, als er glaubte, direkt am Ball zu sein. In Wirklichkeit hatte die Konkurrenz von der anderen Rheinseite längst den Fuß in der Tür. Kirsten: „Der Bayer-Mann auf unserer Reservebank war hautnah dran und hatte schon feste Treffen vereinbart. Karnath gelang es sogar, einen Platz in unserem Flieger zurück nach Berlin zu ergattern."

Reiner Calmund amüsiert sich noch heute köstlich wie Bolle über seinen Coup, dessen Details wie Versatzstücke wahlweise als Spannungselement in Krimis oder als Slapstick in jeder Comedy-Serie verwendbar sind. Der Mann, der seinen Beinamen „Pate der Bundesliga" längst wie eine Auszeichnung handhabt, fühlte sich nach seinen eigenen Maßstäben jederzeit als Herr des Verfahrens, auch wenn er phasenweise nicht ganz frei entscheiden konnte. Während Kirsten damals aus seiner Position nur sehr eingeschränkt wahrzunehmen vermochte, wie ihm und vor allem was mit ihm geschah, erlaubt die Version des Leverkusener Mana-

gers einen freieren Blick auf die Umstände eines sehr ungewöhnlichen Transfers in stürmischer politischer Großwetterlage.

Die Bayer-Eingreiftruppe in Wien bestand aus Ex-Bayer-Profi Norbert Ziegler, der die Leistungen der Kandidaten am Ball zu beurteilen hatte, und A-Jugend-Betreuer Wolfgang Karnath, ausgestattet mit einem Fotografen-Leibchen und dem speziellen Vorzug der Anonymität, so daß niemand Verdacht schöpfte, als der Mann seine Kamera plötzlich von der Ersatzbank der Deutschen aus aufs Spielfeld richtete. In Wirklichkeit hatte er ganz andere Interessen im Visier. Während nämlich die Fußball-Nation an diesem Abend gebannt ins Köln-Müngersdorfer Stadion blickte, wo sich die Beckenbauer-Elf dank „Icke" Häßlers entscheidendem Tor gegen Wales die Tickets für die WM in Italien erspielte, war das Augenmerk der Leverkusener in Wien auf die drei interessantesten Kicker im DDR-Hemd fokussiert. Als Matthias Sammer ausgewechselt wurde, kam es zum ersten Körperkontakt. Später fand der Knipser auch schnell ungehindert Zugang bei Andreas Thom und Ulf Kirsten. Die Aktion führte dazu, daß alle drei Spieler am nächsten Tag im Grand Hotel an Ostberlins feinster Adresse Unter den Linden im Beisein von Calmund sowie des Bayer-Hauptkassierers Helmut Schmidt zum Stift griffen und Lizenzspielerverträge mit dem TSV Bayer 04 Leverkusen unterzeichneten, die ihnen ein monatliches Grundgehalt in Höhe von 12 000 Mark garantierten. Calmund erinnert sich immer noch gerne an die ratlose Verblüffung des Andreas Thom bei der Heimkehr von seiner Dienstreise in die österreichischen Hauptstadt: „Da saß ich schon bei ihm zu Hause auf dem Sofa und machte mit den Kinderchen auf dem Schoß Eia-Poppeia. Der aggressive Markt verlangte, daß wir die Spieler so schnell wie möglich unter Vertrag nahmen."

Gesagt, getan, doch die Zeit drängte und für Zufriedenheit war noch längst kein Anlaß. „Cleverle" Calmund trat unmittelbar darauf in Direktverbindung mit dem Deutschen Turn- und Sportbund (DTSB), der Ende des Jahres 1989 noch für solcherlei Transaktionen Handlungsvollmacht hatte. Ein Telex mit der Bitte um Weiterleitung an den DDR-Fußballverband (DFV) informierte die Funktionäre über den Vorgang. Der dreimal chemisch gereinigte Manager tat ein übriges, indem er sich weder von den leicht dubiosen Umständen noch von ein paar Schlapphüten im Verbandsgebäude an der Stollhofer Straße abweisen, sondern sich die Übergabe eines entsprechenden Briefs per Stempel bestätigen ließ.

Die erste Reaktion aus der Verbandszentrale war die Zustimmung zu dem Transfer Thom, der für eine Ablösesumme von über zwei Millionen Mark von Dynamo Ostberlin nach Leverkusen wechselte und schon vor der Jahreswende bei Bayer 04 die erste Lohnsteuerkarte seines Erwerbslebens einreichte. Gleichzeitig geriet die Situation für die Unterhändler aus dem Westen außer Kontrolle. Fußballfreund Helmut Kohl, der Bundeskanzler, der sich nun mit noch mehr Belangen zu befassen hatte, beklagte in einer Rede die Gefahr des Ausblutens des DDR-Fußballs. In der Führungsetage des weltweit operierenden Bayer-Konzerns hielt man es daraufhin für angeraten, in der Öffentlichkeit auf jeden Fall den Eindruck zu vermeiden, das Unternehmen forciere mit seiner Einkaufspolitik im Fußball-Bereich besagtes „Ausbluten". Die Warnung aus Bonn kam außerdem für Münchens Manager Uli Hoeness sehr gelegen, der bei seinen Bemühungen Richtung Osten nicht zum Zug gekommen war und sich deswegen schon kritischen Fragen ausgesetzt sah. Die Bayern, ließ er wissen, machten diese Art von Fischzügen im Trüben nicht mit.

Reiner Calmund amüsiert sich noch heute köstlich wie Bolle über seinen Coup, dessen Details wie Versatzstücke wahlweise als Spannungselement in Krimis oder als Slapstick in jeder Comedy-Serie verwendbar sind.

Sein Leverkusener Kollege Calmund hielt die Zurückhaltung für falsch, beugte sich aber und befand sich nun trotz dreier gültiger Verträge in der Defensive. Also lud er kurz vor den Feiertagen den Junggesellen Sammer und das Ehepaar Kirsten für ein paar Erholungstage standesgemäß ins Wintersport-Paradies am Chiemsee ein, um ihnen einerseits mitzuteilen, daß der „Verlobung" die vertraglich vereinbarte „Hochzeitsnacht" sehr zum eigenen Leidwesen nicht folgen könne und andererseits gemeinsam mit den Betroffenen nach Auswegen zu suchen sei. Rotschopf Sammer nannte als bevorzugte Alternative den VfB Stuttgart. Der Bayer-Mann riet zu und kümmerte sich. Den Schwaben fiel auf diese Weise fast ohne Zutun für knapp über zwei Millionen einer der gesuchtesten deutschen Spieler mit den allerbesten Perspektiven in den Schoß. Den Spieler Kirsten brachte Calmund mit Bochums Trainer Reinhard Saftig zusammen. Der Dresdner unterschrieb einen Optionsvertrag beim VfL, der freilich, als es später Spitz' auf Knopf kam, für ihn wertlos war und mit Hilfe von Calmunds Kollegen Klaus Hilpert auch gelöst wurde.

In diesem Zusammenhang fühlte sich Kirsten allerdings erstmals aufs Kreuz gelegt, denn ein Bochumer Unterhändler veranlaßte ihn zu seinem Autogramm unter das Papier, indem er einfach behauptete, Berater Karnath habe dies befürwortet. Der Schwindel flog schnell auf. Dynamo-Präsident Alfons Saupe war vorsichtshalber erst gar nicht eingeweiht worden. Als er von dem Vorgang erfuhr, kommentierte er gegenüber „Sport-Bild" schön unverklemmt: „Kirsten hat noch einen Vertrag bis zum Jahr 1992. Wenn er Dresden jedoch im Sommer verlassen sollte, wird er dahin gehen, wo es das meiste Geld zu verdienen gibt. Das ist sicherlich nicht Bochum."

Als das Sachsen-Team in der Winterpause auf Einladung des HSV ein Trainingslager bestritt und an einem Turnier teilnahm, hatte es sich längst herumgesprochen, daß Kirsten wieder halbwegs frei verfügbar war. „Da standen sie erneut alle Schlange", lächelt der Spieler. Werder Bremen wurde als erster deutlich, doch Kirsten machte Manager Willi Lemke keine Hoffnungen. Dann kam Borussia Dortmund zur Sache. Das schien schon besser zu passen. Die Westfalen suchten damals dringend Stürmer und hatten sich schon in einer Art Nachbarschaftsabkommen mit den Bochumern über die Verwendung des umstrittenen Optionsvertrages geeinigt. Freilich, der Antrag hatte einen Haken. Kirsten, der, wie Saupe so richtig bemerkte, vertraglich noch zweieinhalb Jahre an Dynamo gebunden war, sollte 3,5 Millionen Mark kosten. So viel hatten die Borussen nicht flüssig. Sie versuchten deshalb, nicht nur den Spieler, sondern auch Zeit zu gewinnen, um die vermeintlich naiven Sachsen auszupokern und die Ablösesumme auf einen erschwinglichen Preis zu drücken.

Es hatte sich längst herumgesprochen, daß Kirsten wieder halbwegs frei verfügbar war. - Da standen sie erneut alle Schlange".

Der Plan ging in die Hose, weil er die Mentalität Kirstens nicht berücksichtigte. Der war zu diesem Zeitpunkt natürlich überhaupt nicht in der Lage, die ohnehin manchmal undurchsichtigen Praktiken des Geschäfts zu durchschauen, und entsprechend mißtrauisch. Dies erzeugte mit seiner sprichwörtlichen Ungeduld eine brisante Gemengelage. Vor allem aber fühlte er sich aufs höchste verunsichert, solange nicht seine persönlichen Belange und Vorstellungen in trockenen Tüchern waren.

Nachteilig für den BVB sollte sich ein trivialer Alltagsmangel in der DDR auswirken. Kirsten: „Ich hatte kein Telefon, die konnten mich nur über meine Eltern erreichen. Das war häufig etwas schwierig."
Im Frühjahr warf ein weiterer sehr potenter

Sein erster Trainingstag bei Bayer 04 begann mit einem Laktat-Test

Mitbewerber den Hut in den Ring. Aufmerksam geworden durch Kirstens Dreierpack beim Länderspiel am 28. März gegen die USA, meldete Inter Mailand Interesse an. „Kirsten ist wie Peperoni", titelte die „Gazzetta dello Sport" enthusiastisch. Die Italiener, die den ostdeutschen Kraftbolzen zunächst in Cagliari parken wollten, versuchten gleich Eindruck zu schinden, indem sie Kirsten einen Lear-Jet vor die Tür stellten und zu einem Besichtigungsflug seines künftigen Arbeitsplatzes im Land der Tifosi einluden. Das war keine gute Idee. Denn der Spieler leidet unter schlimmer Flugangst, und von Dresden weg gleich rein in eine andere Sprache, eine andere Lebensweise, nee, das muß es ja auch nicht auf Anhieb sein. Calmund: „Der Saupe hat dann auch bald erkannt, daß er den Ulf nicht nach Italien kriegt, selbst wenn da zehn Lear-Jets einfliegen."

Der Patriarch von Bayer war wieder im Rennen. Der (politische) Wind hatte sich gedreht, und der Manager nahm gleich die Witterung auf. Der Verband hatte nun keinen Einfluß mehr, fortan saßen die Klubs bei den Verhandlungen unter sich am Tisch. Zunächst rannte Calmund bei Kirsten sämtliche offenen Türen ein, indem er ihm mit Blick auf Dortmund riet, nur ja nichts zu unterschreiben, bevor sich Dresden und der BVB geeinigt hätten. Dann holte er sich beim damaligen Bayer-04-Präsidenten Gert-Achim Fischer das Einverständnis ab, sich um die Verpflichtung eines weiteren DDR-Nationalspielers zu bemühen. Die noch Monate zuvor dringend ausgegebene Empfehlung, genau dies zu unterlassen, war inzwischen Makulatur. Zwar gab es die im November 89 im Grand Hotel mit der Bayer-Delegation abgezeichneten Kontrakte nicht mehr, doch die Chancen standen vor allem im Fall Ulf Kirsten nicht so schlecht. Nach der Rückkehr der DDR-Elf vom Länderspiel in

Schottland im April 1990 fuhr Calmund mit den beiden Kickern von Berlin nach Dresden. Während sich Sammer ohne Wenn und Aber in Stuttgart gebunden hatte, schöpfte der Manager gegenüber Kirsten seinen gesamten Vertrauensvorschuß aus. Calmund: „Ich habe ihn inständig beschworen, bei mir zu neuen Konditionen zu unterschreiben. Tu' das, habe ich gesagt, du wirst es nicht bereuen und du gehst kein Risiko ein. Ich sorge dafür, daß der Transfer in zehn Tagen o.k. ist. Wenn nicht, ist unsere Vereinbarung sofort hinfällig."

Das Verhandlungsgeschick des Managers, der haargenau weiß, wann die Fingerspitzen- der Holzhammer-Methode vorzuziehen ist, griff wieder einmal. Kirsten unterschrieb in seiner Wohnung Tucholskystraße 12 einen Vertrag für drei Jahre.

Mit Alfons Saupe erzielte der Leverkusener Chefunterhändler schon nach zwei Tagen Einigung über die Höhe der Ablösesumme. Die Dresdner gingen von ihrer vier Millionen starken Forderung ab. Bayer überwies 3,5 Millionen. Calmund: „Von der wirtschaftlichen Kraft her konnten den Ulf damals höchstens drei oder vier Bundesliga-Klubs verpflichten."

Borussia Dortmund reagierte böse mit den üblichen Unterstellungen gegenüber Bayer Leverkusen, nachdem der Transfer öffentlich wurde, und pochte auf Kirstens Wort. Der Spieler freilich wies die Vorhaltungen ruhig mit vernünftigen Argumenten zurück. Er fühlte sich zu lange hingehalten. Die größte Geduldsprobe seines Lebens hatte endlich ein Ende. Erstmal tief durchatmen und dann: Niemals warten – immer starten!

Den Umzug an die neue Wirkungsstätte im Westen organisierten Bayer-Leute. Sie besorgten auch die erste Unterkunft in einer Übergangswohnung, bevor die junge Familie, deren Glück zwei Jahre später durch die Geburt von Jennifer komplettiert wurde, im September ein Haus in Bürrig bezog. Ulf unterzog sich der sportärztlichen Untersuchung bei Dr. Sepp Schmidt in Bergisch Gladbach. Optimaler Tauglichkeitsgrad. Den Lada, dessen erste Ausgabe er fünf Jahre zuvor als Neuwagen erstanden hatte, ersetzte ein schneeweißer Audi 90.

Impressionen beim Training.

Der Alptraum eines Slaloms zwischen einstürzenden Grenzen und Weltbildern war endlich beendet. Kirsten hatte seine Startbahn gefunden. „Der Schwatte" nahm die Herausforderung an und stellte sich. Die Jagd auf Tore in der Bundesliga war eröffnet. Die Kanone konnte schon mal entstaubt werden.

Berliner und Sachse, blindes Verständnis

Nie werde ich den Tag vergessen, als ich mit meinem Klub BFC Dynamo Berlin am 8. Juni 1985 das Pokalendspiel in Ost-Berlin mit 2:3 gegen Dynamo Dresden verlor. Beim Gegner aus Dresden stand mit Ulf Kirsten einer auf dem Platz, der ebenso wie ich grademal 19 Jahre alt war. Auch wenn der Schiedsrichter noch (keiner weiß warum) zehn Minuten länger spielen ließ, es sollte für uns nicht mehr reichen. Der ungeliebte Stasi-Klub aus der Hauptstadt erntete reichlich Häme, die Publikumslieblinge aus Sachsen wurden gefeiert.

Schon damals fiel mir seine ungeheure Kampfeslust auf, unglaublich für einen Spieler in seinem Alter. Ulf Kirsten, der Malocher, der die ganz weiten Wege geht - bis heute ist er sich in seiner Spielweise treu geblieben. Wegen meiner Grundschnelligkeit und meinen zahlreichen Tricks entwickelte ich mich zum Vorzeige-Spieler des Ost-Fußballs. Ulf war eher das Gegenteil.

Andreas Thom im Trikot von Hertha BSC Berlin

Dennoch verlief unser weiterer sportlicher Weg fast parallel. Er spielte 49 mal, ich 51 mal für unsere Nationalelf. Ich ein Berliner, er ein Sachse. Auch hier ein Gegensatz. Wir haben uns aber nie darum gekümmert, mochten unsere Fans untereinander noch so sehr zerstritten sein.

Aus der Anfangszeit im Nationalteam begründet sich auch unsere Freundschaft. Nach Länderspielen blieb der Ulf bei mir in Berlin, gemeinsam gestalteten wir dann unsere Freizeit. Sicherlich war es für ihn ein großer Vorteil, als er 1990 zu Bayer 04 Leverkusen kam, daß ich bei diesem Verein schon den Durchbruch geschafft hatte. Sicherlich wurde ihm dadurch die Integration erleichtert. In der DDR wurde ich achtmal Meister, Ulf mit Dresden zweimal. Bis 1996 konnten wir gemeinsam mit Leverkusen 1993 den DFB-Pokal gewinnen, bevor ich zu Celtic Glasgow wechselte.

Gefeiert wurden wir in der Bundesliga aber über Jahre als das beste Stürmer-Duo. Unser Rekordergebnis: Mit 20 Treffern wurde Ulf Torschützenkönig, ich erzielte in dieser Saison selbst 13 Treffer. 33 Tore in einer Saison, das kann sich sehen lassen.

Die Presse schrieb, wir würden prächtig miteinander harmonieren, wir seien das ideale Stürmerpaar. Für mich selbst war unser Spiel auf dem Rasen einfach blindes Verständnis. Ich wußte, daß ich den Ball nur irgendwie in den Strafraum bringen mußte - den Rest erledigte der Ulf dann mit dem Kopf oder per Fuß. Ob flach, halbhoch oder hoch, der Ulf kam in seiner unnachahmlichen Art immer an den Ball. Noch heute frage ich mich, wie er das fertiggebracht hat. Meistens brauchte ich gar nicht mehr hinzuschauen, weil ich schon vorher wußte, daß der Ulf ein Tor machen würde. Diese Art von Zusammenspiel mit einem anderen Spieler werde ich in meiner Karriere wohl nie mehr erleben.

Durch meinen Wechsel nach Schottland schlief unser Kontakt sicherlich etwas ein, nie jedoch der durchs Telefon. Seitdem ich wieder in Deutschland spiele, treffen wir uns wieder häufiger. Und dann trinken wir erst einmal sein geliebtes Bier: ein Radeberger.

Andreas Thom

TSV
BAYER
04

ASPIRIN PLUS C
reusch

Christoph Daum: „Ist der Ulf gut, spielt die Mannschaft gut. Kirsten ist einer der besten Stürmer in Europa, in Deutschland sowieso."

Die Lehrmeister - in 25 Jahren zwölf Trainer

Klaus Sammer

Reinhard Häfner

Kirsten über Günter Quaas (Chemie Riesa): Der Günter war ein Supertyp, der vor allem mit Kindern sehr einfühlsam umgehen konnte. Er war mein erster Trainer und als solcher hat er mich entscheidend geprägt. Meine Erinnerung an die Arbeit mit ihm ist bis zum heutigen Tag lebhaft, obwohl das doch schon lange her ist. Leider verstarb er im April 1998.

Kirsten über Siegfried Helbold (Stahl Riesa): Ein Mann, der stark auf Disziplin geachtet hat. Wer sich auf diesem Gebiet bei ihm was zuschulden kommen ließ, hatte es sehr schwer.

Kirsten über Harald Fischer (Dynamo Dresden): Als junger Spieler hat mich seine fachliche Kompetenz beeindruckt, die sich auch in der bemerkenswert großen Zahl seiner Erfolge niedergeschlagen hat.

Kirsten über Klaus Sammer und dessen Assistenten Dieter Riedel (Dynamo Dresden): Ich betrachte die beiden als Einheit, denn sie waren für mich gleichermaßen wichtig. Sie haben mir Vertrauen geschenkt, auf meine Leistungsfähigkeit und Lernfähigkeit gesetzt und mich in die erste Mannschaft geholt. Beide hatten sehr viel Fingerspitzengefühl für die Förderung junger Talente.

Kirsten über Eduard Geyer (Dynamo Dresden/auch Nationalmannschaft): Ein kompromißloser Typ, der auch aus seiner aktiven Zeit einen reichen Erfahrungsschatz in die Tagesarbeit einbrachte. Taktisch konnte ihm niemand was vormachen.

Jürgen Gelsdorf

Kirsten über Reinhard Häfner (Dynamo Dresden): Ein angenehmer Kumpeltyp, mit dem ich noch gemeinsam im Dynamo-Team gespielt hatte. Wir hatten Erfolg, sind zusammen Meister der DDR-Oberliga geworden.

Kirsten über Jürgen Gelsdorf (Bayer 04 Leverkusen): Er war mein Trainer im ersten Jahr in der Bundesliga. Mit ihm habe ich einige Höhen und Tiefen erlebt. Er war erst relativ kurz in seinem Beruf und hat versucht, möglichst dynamisch zu arbeiten.

Reinhard Saftig (Bayer 04 Leverkusen): Unter seiner Regie haben wir 1993 den DFB-Pokal gewonnen, obwohl man ihn vor dem Finale abgesägt hat. Das hat mir damals unheimlich leid getan. Ich hatte zu ihm ein ausgesprochen gutes Verhältnis.

Kirsten über Dragoslav Stepanovic (Bayer 04 Leverkusen): Er hatte eine unkonventionelle Art, den Anforderungen seines Jobs gerecht zu werden. Anfangs bin ich einigermaßen mit ihm zu recht gekommen. Später stellten sich immer mehr Probleme im Umgang miteinander ein. Die Zeit mit ihm war insgesamt nicht besonders erfreulich und gut.

Eduard Geyer

Reinhard Saftig

Kirsten über Erich Ribbeck (Bayer 04 Leverkusen): Er kehrte oft den guten Kumpel heraus und war ein sympathischer Zeitgenosse. Leider hatten wir mit ihm nicht den nötigen Erfolg.

Kirsten über Peter Hermann (Bayer 04 Leverkusen): Er löste in der sehr schwierigen Endphase der Saison 1995/96 Ribbeck als Cheftrainer ab. Man kann das ohne Übertreibung so festhalten, daß wir ohne ihn abgestiegen wären. Über die Folgen mögen wir nicht mehr nachdenken. Peter Hermann hat sich in und um diesen Verein große Verdienste erworben.

Ulf Kirsten über Christoph Daum und dessen Assistenten Roland Koch (Bayer 04 Leverkusen): Auch diese beiden sehe ich als Einheit. Sie sind das Beste, was uns und dem Verein passieren konnte. Sie verfügen

Dragoslav Stepanovic

Erich Ribbeck

Peter Hermann

über enormes Fachwissen, haben aber nicht nur Fußball im Kopf. Um bedingungslos Erfolg zu haben, bilden sie sich auch weiter. Daum und Koch vermögen sich hervorragend in die Lage und in den Anforderungsbereich von Spielern zu versetzen. Ihr gemeinsamer Erfolg, den sie eigentlich bei sämtlichen Einsätzen verbuchen konnten, spricht für sie.

Christoph Daum und Roland Koch

adidas
OPEL
adidas

Giovane Elber (Bayern München): „Ich habe schon viele Stürmer gesehen, aber keinen wie Kirsten. Wie er ackert, kämpft, rennt, sich für das Team zerreißt und auch noch trifft - heller Wahnsinn.“ (nach Leverkusens 4:2-Sieg über Bayern München am 30. November 1997 mit einem Kirsten-Hattrick).

Ulf Kirsten auf dem Weg zu einem seiner drei Tore gegen Bayern München

Der Torschützenkönig der 90er Jahre

Beim ersten Mal, da tat`s noch weh. Nach der Saison 1992/93, frisch dekoriert als Deutscher Pokalsieger im Dreß von Bayer 04, verzeichnete Ulf Kirsten sein Premierenerlebnis mit der Torjägerkanone als Preis für den treffsichersten Schützen der Republik und des Spieljahres. Aber damals mußte er notgedrungen teilen, und das fällt dem „Man in black" namentlich am Arbeitsplatz schwer. 20 Tore standen für den Leverkusener Goalgetter zu Buche. Ebenso viele hatte der für Eintracht Frankfurt spielende Ghanaer Anthony Yeboah auf seinem Konto. Totes Rennen der Strafraum-Poltergeister.

Vier Jahre später war der Preis endlich für Kirsten allein heiß. Auf der Zielgeraden hängte er zunächst den bedrohlich aufgekommenen Kölner Konkurrenten Toni Polster ab und ließ sich dann für 22 gelungene Einschüsse im Spieljahr 1996/97 feiern. Die Prämie von 50.000 DM spendete er damals für die Mexiko-Hilfe des DFB. Weil`s so schön war, wiederholte er gleich dieses treffliche Kunststück in der WM-Saison 97/98 (22 Treffer). Die Branche ist baff.

Kein Zweifel, Ulf Kirsten ist d e r Torschützenkönig der 90er Jahre. Ein Phänomen mittlerweile durchaus in der Schuhgröße

Geteilte Freude: Ulf Kirsten und Anthony Yeboah erhalten von Kicker-Chefredakteur Rainer Holzschuh (links neben Kirsten) jeweils eine Torjägerkanone.

jener Vollblutstürmer, deren Namen jahrzehntelang für Tore made in Germany standen - Uwe Seeler und Gerd Müller.

30. November 1997. Diesen winterlich frischen Sonntagabend werden weder die 22 500 Augenzeugen im restlos besetzten Leverkusener Ulrich-Haberland-Stadion noch die fast zehn Millionen Fußballfreunde, die SAT 1 live vor der Mattscheibe versammelt hatte, so schnell vergessen. Schon gar nicht der Held dieses denkwürdigen Matches. Als der Vorhang gefallen, das Drama abgepfiffen war, lag Ulf Kirsten platt im gegnerischen Strafraum, die Beine von sich gestreckt, die Hände vors Gesicht geschlagen. Glück und Erschöpfung trieben ihm die Tränen in die Augen. „Ich hab` geweint, weil wir das Unglaubliche geschafft hatten."

4:2 gegen den amtierenden deutschen Fußball-Meister FC Bayern München. Die nackten Zahlen verbergen die unglaubliche Inszenierung dieses Wahnsinnsspiels. Mit zwei Toren voraus führte die coole Star-Truppe von der Isar schon, als sich (nach Christian Wörns` Feldverweis in der 33. Minute) zehn Bayer-Profis auf eine Aufholjagd einließen, an deren Erfolg selbst nach Jan Heintzes Anschlußtreffer fast mit dem Pausenpfiff sogar Berufsoptimisten nicht zu glauben wagten.

Nach 90 Minuten hatten sie den Titelverteidiger am Boden und die Experten im Lande aus der Fassung gebracht. Die rotschwarzen Fans kriegten vor lauter Begeisterung kaum noch die Kurve. Christoph Daum schien im Triumph zu glühen, und wenn es denn in der komplett über sich hinausgewachsenen Leverkusener Riege nach diesem denkwürdigen Match einen noch besonders herauszuheben galt, dann war es Ulf Kirsten. In der 69. Minute hatte er den Ball nach Beinlichs Freistoß unter die Latte befördert. Ein dreistes Bubenstück, das für ein unter diesen Voraussetzungen sensationelles Remis auszureichen schien.

Als das Ende naht, drängt Kirsten den Magdeburger FIFA-Schiedsrichter Heynemann: „Bernd, pfeif` endlich ab." Der Unparteiische: „Tut mir leid, Ulf. Es sind noch ein paar Minuten." Ein paar Minuten bedeuten auch ein paar Chancen, das läßt sich Kirsten nicht zweimal sagen. Prompt köpft er zunächst eine von Helmer unfreiwillig zur Vorlage umgewandelte Lehnhoff-Flanke über den verdutzten Oliver Kahn ins Netz. 26 Sekunden darauf schiebt er noch einen nach und eine Rink-Vorlage über die Torlinie. Das war`s. Plötzlich schmerzt die Hüfte nicht mehr und die gereizte Achillessehne auch nicht.

Kurt Vossen überreicht Ulf Kirsten die Torjäger Kanone nach der Saison 96/97.

Hoch, höher, am höchsten - Ulf Kirsten und Eric Meijer überspringen die Kölner Bodo Schmidt und Dirk Schuster.

Zwei, die miteinander harmonierten: Ulf Kirsten und sein Sturmpartner Rudi Völler.

Ein Hattrick innerhalb von 21 Minuten. Es war schon der dritte des Jahres nach den jeweils drei Toren am 2. April beim 3:2-Sieg im WM-Qualifikationsspiel gegen Albanien im spanischen Granada sowie am 11. November beim 4:0-Bundesliga-Erfolg über den 1. FC Köln. Wenn einem soviel Gutes widerfährt, sollte man sich die nackte Kanone aus Nürnberg gleich zur Wiedervorlage kaltstellen. Leverkusens Sportdirektor Rudi Völler, der weiß, wovon er spricht, lobte den früheren Mitstreiter nach dem Dreier ins Herz der Bayern mit einem Superlativ: „Mit diesem Spiel hat sich Ulf bei Bayer unsterblich gemacht."

Dabei hatten sich gerade diese beiden miteinander in vorderster Linie lange schwer getan. Völler/Kirsten - ein Traumpaar ohne Trauschein auf den ersten Blick. Aber ob das gut gehen würde mit zwei derart ausgeprägten Individualisten am Ball, die den gleichen Weg zum Tor suchen? Rudi erinnert sich: „Als wir noch gemeinsam stürmten, hatte Ulf es gar nicht so leicht. Allzu oft trieb uns der Instinkt an die gleiche Stelle in Tornähe, und es dauerte eine Weile, bis wir uns aufeinander eingestellt hatten. Dazu kam, daß ich nicht mehr der Rudi Völler von früher war. Ulf mußte also für mich ´alten Sack` mitlaufen. Er hat das ohne Murren getan, und diese Einstellung zeichnet ihn noch heute aus. Es ist einfach phänomenal, mit welchem Einsatzwillen er 90 Minuten lang für die Mannschaft arbeitet und gleichzeitig seine große Stärke nicht verliert als ein Stürmertyp, der jede sich bietende Chance zu nutzen versucht."

Fleißkärtchen für die Personalakte. Gut und schön. Doch aus der Sicht des solcherart als Vorbild an Solidarität gefeierten Kirsten nahm sich die Situation in jenem angesprochenen Frühjahr 1996 erheblich anders aus. Der Torjäger lebte sozusagen im Ausnahmezustand. Acht mickrige Einschläge weist die Statistik für ihn in jener Meisterschaftsrunde aus. Ein Witz für einen wie ihn, über den er selbst freilich am wenigsten lachen konnte. Mit Trainer Erich Ribbeck war es für die Mannschaft in der Rückrunde unerwartet derart rapide abwärts gegangen, daß der Super-GAU, der Absturz in die 2. Liga, erst beim finalen „sudden death" gegen den 1. FC Kaiserlautern vermieden werden konnte. Bundestrainer Berti Vogts verzichtete auf den nervlich arg strapazierten Angreifer, der gleichermaßen mit seiner Formschwäche und seinem „Motzki"-Image kämpfte, und reiste ohne Kirsten zum Europameisterschaftsturnier nach England. Für den Ausgebooteten war das der Tiefpunkt. Die Devise: Nix wie weg hier. In dieser unerfreulichen Situation

adidas
Alka-Seltzer
adidas
adidas
Alka-Seltzer

Was ist schöner als ein Bit?

Bitburger. Ein Besonderes unter den Besten.

kam ihm ein attraktives Angebot aus Lissabon vom einstigen Renommierklub Benfica wie gerufen. Während der Saison-Abschlußreise nach Kalifornien und Mexiko wurde der Flirt immer heißer. Der mit sich und der Welt unzufriedene Profi war, wie er später bestätigte, „in Gedanken schon weg".

Doch der Wind drehte sich und führte zu einem in der schnellebigen Fußball-Szene bemerkenswerten Kurswechsel am Mittelrhein. Leverkusens Manager gelang am Rande der EM in England der große Coup, indem er eine schon seit geraumer Zeit verfolgte Idee in die Tat umsetzte und den Fußball-Lehrer Christoph Daum verpflichtete. Die Begleitumstände dieser aufsehenerregenden Verpflichtung hat Reiner Calmund im Stolz der geglückten Eroberung später ausgiebig und plastisch geschildert. Eine der ersten Anweisungen des neuen Trainers bestand in dem Auftrag, den Ausnahmestürmer um jeden Preis im Lande zu halten.

„Einen wie Kirsten läßt man nicht gehen", erklärte Daum. Der zog zunächst einen Flunsch, denn seine vertragliche Lage war nicht so, daß er am längeren Hebel gesessen hätte, fühlte sich aber endlich wieder ernst genommen und ließ sich dann rasch von der Chance einer sportlichen Neuorientierung rund um den Haberland-Sportpark verführen und in Daums Staubsaugervertreter-Mentalität einweihen.

„Ulf kümmert sich intensiv um Spieler, die nicht so im Rahmenlicht stehen, er geht auf sie zu, hilft und unterstützt sie."

Ein Torinstinkt, der nicht zu erlernen ist

Keine Frage, Ulf Kirsten muß als der Stürmer der letzten zehn Jahre angesehen werden. Was mich immer wieder überrascht, sind seine kurzen Reaktionszeiten im Erfassen von gefährlichen Situationen, die ihm einen Vorteil bringen können. Er besitzt einen angeborenen Toreinstinkt, der nicht zu erlernen ist: Entweder hat man ihn oder nicht - Ulf hat ihn.

Ich sehe ihn als absolutes Energiebündel, das hochexplosiv ist. Noch nie traf ich in meiner bisherigen Laufbahn auf einen Stürmer, der so mannschaftsdienlich spielte wie Ulf Kirsten. Sein Aktionsradius geht sogar so weit, daß er die eigenen Abwehrspieler verblüfft und auf der Torlinie noch die Bälle wegköpft. Dieses unbedingte Siegen-Wollen überträgt er eben auch auf die ganze Mannschaft. In den letzten Jahren verstand er es sogar, endlich auch Verantwortung zu übernehmen, sich für sein Team einzusetzen.

An dieser Stelle möchte ich auch einmal erwähnen, was eigentlich noch gar nicht so an die Öffentlichkeit gedrungen ist: Ulf kümmert sich intensiv um Spieler, die nicht so im Rampenlicht stehen, er geht auf sie zu, hilft und unterstützt sie. Ulf Kirsten - für mich das Synonym für bedingungslosen Einsatz und totale Identifikation mit dem Verein, Umfeld und Fans. Was wir seit Jahren versuchen, anderen Spielern krampfhaft beizubringen, ist für ihn selbstverständlich: eine natürliche Leistungsbereitschaft.

Weil er sich sportlich und privat professionell verhält, übernimmt er bei uns eine Vorbildfunktion als Führungsspieler. Ich sehe in ihm den Garant für den neuentstandenen Bayer-Teamgeist. Er bringt ihn am besten rüber, er hat ihn stark beeinflußt.

Jeder Trainer, jede Mannschaft kann sich glücklich schätzen, einen wie Ulf Kirsten im Verein zu haben. Deshalb wünsche ich mir auch, daß er nach dem Ende seiner Karriere sein Wissen und seine Erfahrung Bayer 04 Leverkusen zur Verfügung stellt.

Sicherlich vertrete ich die Meinung nicht exklusiv, sondern teile sie mit vielen Experten, wenn ich die Auffassung vertrete, daß Ulf Kirsten in diesem Jahrzehnt als der legitime Nachfolger von Gerd Müller anzusehen ist. Seine günstigen Hebelverhältnisse kommen ihm dabei ebenso zu Gute, wie sie dereinst auch der kleine, stämmige Bomber der Nation aus München besaß. Klinsmann, Völler, Bierhoff oder Marschall - sie spielen alle einen anderen Stil. Unnachahmlich, wie Ulf Kirsten Bälle mit dem Oberschenkel erwischt, wie er noch im Liegen Tore macht. Eines seiner Tore werde ich nie vergessen. Bei unserem Champions-Leaguespiel in Lierse bearbeiteten ihn zwei Belgier mit Ellbogencheck und Tritten. Ulf ging zu Boden, rappelte sich auf und donnerte den Ball unter die Latte ins Tor. So hätte es auch Gerd Müller gemacht.

Christoph Daum

Der Dank des Trainers an den Torschützen

Talcid

OKI
OKI

Aufbruch und Start im „Wilden Westen“

Das außergewöhnliche Bild erregte Aufsehen und sorgte für Heiterkeit, aber es erzeugte vor allem die erwünschte Wirkung. Kirsten, durch die geradezu schwärmerischen Schilderungen des früheren Dresdener Spielgefährten Matthias Sammer über die ungewöhnlichen Arbeitsproben des Fußball-Lehrers Daum schon zuvor neugierig geworden, zeigte sich alsbald besonders empfänglich für dessen Art, Spieler zu motivieren. Der „Vertreter" nahm den Paß auf und ließ sich fortan nicht mehr abwimmeln, tauchte auch nach vielen vergeblichen Versuchen immer wieder an der Tür auf und profitierte von der Erfahrung eines jedes Reisenden mit prall gefülltem Auftragsblock, daß sich Beharrlichkeit auf Dauer auszahlt. Sportpsychologe Daum wandte auf seinen neuen Herzbuben die positive Lebensweisheit jenes Spruchs an, der den Mitarbeitern von General Motors in Detroit in der Eingangshalle des Hausgebäudes tagtäglich auf dem Weg ins Büro die rechte Einstellung zum Job und american way of life vermitteln soll: „Wer wirklich erfolgreich sein will,

Von Beginn an in der Bundesliga in harter Manndeckung.

schöpft seine Stärken voll aus und bekämpft seine Schwächen."

Bald fiel den Beobachtern auf, daß Kirsten seinen Stil um eine entscheidende Nuance verändert hatte. Wie der Ball ins Netz gelangt war, darüber hatte er sich ewig keinen Kopf gemacht. Hauptsache er war drin. „Ich bin eigentlich nicht der Typ, der vor dem Tor noch großartige Tänzchen veranstaltet. Nein, das ist nicht meine Art", hatte er seine Spielweise beschrieben und knackig hinzugefügt: „Mein Fall ist: Augen zu und druff!" Kollege Andreas Thom, in den ersten Jahren bei Bayer 04 sein alter ego, hatte noch in seiner Muttersprache ergänzt: „Und ick liefer` die Vorlagen." Ein grob gestricktes Selbstbehauptungsraster. Einfache Machart für den Hausgebrauch nach der Devise, daß die Stirn auch dazu da ist, eventuell durch die Wand zu gehen, wenn`s denn der Wahrheitsfindung, in diesem Fall dem Torerfolg, dient.

Bei mehreren geeigneten Anlässen, vorläufige Zwischenbilanz zu ziehen und sich bei jenen Zeitgenossen zu bedanken, die die eigene Entwicklung maßgeblich positiv beeinflußt hatten, machte Kirsten in jüngster Zeit natürlich auch immer den gehörigen verbalen Diener vor Daum, vergaß aber auch nie, dessen Assistenten Roland Koch zu erwähnen. Der Adjutant hatte ihn zur Besonnenheit angehalten. Das Ziel vor Augen sei nicht nur die Parole „druff" angesagt, inklusive hohem Risikofaktor, sondern es gelte möglichst kühl bis in die Haarspitzen zu bleiben. Cool, man! Ohne freilich an persönlicher Power zu verlieren. Wie soll das laufen? Kirsten: „Vor unserem Saisonstart gegen Dortmund stand Koch um Mitternacht plötzlich in meinem Zimmer. Normalerweise schlafe ich dann schon. Wir haben uns über eine Stunde lang unterhalten. Beispielsweise darüber, daß ich nicht immer nur draufballern, sondern auch mal gucken und den Ball am Torwart vorbeischieben soll. Beim 3:0 gegen München 1860 hat`s geklappt." Höchst erfreuliches Resultat der Bewegungs- und Verhaltenstherapie: „Die Dinger, die ich letzte Saison dem Keeper an den Kopf geschossen habe, gehen jetzt rein." Bingo! Dorthin gehören sie ja auch, und nur so wird`s was mit der Kanone.

Der Streit um die Rolle des Torjägers in der Partitur des Spiels ist so alt und aufregend wie der Fußball selbst. Freilich, der rasante Zuwachs an Dynamik und Athletik des modernen Spiels haben dieser Diskussion eigentlich die Basis entzogen. Die Zeiten, da der treffsicherste Mann im Team reglos und müßig in vorderster Linie verharren, auf seine Chance warten und diese dann zugunsten der Punkte- und Prämien-Datei verwerten konnte, sind graue Urgeschichte. Längst muß auch er sich bequemen, als Hilfssheriff einzuspringen, nicht nur wenn am eigenen Strafraum die Not am größten ist. Lizenzspielerverträge mit Sonderkonditionen für diesen oder jenen Spezialisten im Team sind Makulatur. Für einen wie Kirsten mit seinem stark entwickeltem Wir-Gefühl in der Gruppe ohnehin kein Problem. Logisch, daß Bayers Defensivchef Jens Nowotny applaudiert, wenn „der Ulf noch am eigenen Sechzehner grätscht".

Ein zweifelhaftes Lob. Denn Irritationen gehören auch weiterhin zum Geschäft. Kann es richtig sein, daß der Torjäger wieder und wieder aus der Tiefe des Raumes, wo er Tore verhindert hat, statt vorne selbst welche einzuknipsen, mit baumelnder Zunge heranhechelt, so daß es ihm an seinem eigentlichen Bestimmungsort womöglich im Bruchteil der ausschlaggebenden Sekunde an der nötigen Kaltblütigkeit fehlt? Konzentrationsmängel verursachen die meisten jener „unforced errors", die die deutsche Sportsprache nahtlos aus dem Vokabular der Tennis-Übertragungen übernommen hat. Knapp vorbei ist auch vorbei. Niete! Flasche leer. Beine schwer. Der Rest ist Tristesse statt Spaß.

Max Merkel: „Die dicken Waden und Oberschenkel - das erinnert mich an Gerd Müller."

Spaß beiseite. Die Arbeitsplatzbeschreibung für den Torjäger als solchen ist durchaus uneinheitlich. Ist der Weg das Ziel oder eher der Umweg? Der Münchener Profi Horst Heldt staunte unlängst über den Kölner Kollegen Toni Polster: „Er ist mein Präsident beim Kreisligisten SV Weiden. Ich habe selten einen Spieler gesehen, der mit so wenig Aufwand so viele Tore erzielt." Neid oder Bewunderung? Wie auch immer. Rufen wir an dieser Stelle aus gegebenem Anlaß nochmals ein Völler-Zitat über Kirsten auf: „Seine immense Laufarbeit macht ihn selbst dann noch wertvoll, wenn er einmal längere Zeit nicht ins Tor trifft."

Was sollte er zu bieten haben, der ideale Torjäger? Vergleiche und Erinnerungen an die namhaftesten Lieferanten von Einschüssen der Marke „made in Germany" drängen sich auf. „Uns Uwe" Seeler, in den 50er und 60ern die personifizierte Nummer 9, Mr. Rastlos mit der Kraft der zwei Herzen, ein Rackerer, der im Getümmel weder sich noch den Gegner schonte und seinen Platz im Fußball-Lexikon auch als Erfinder des gepflegten Fallrückziehers hat. Ein starker Typ. Oder Gerd Müller, der gelernte Weber mit seiner eigentümlichen Statur, dessen Schwerpunkt tiefer gelegt zu sein schien. Jedenfalls erlaubte ihm das, einen oder gleich mehrere seiner Kettenhunde wahlweise in einer Telefonzelle oder auf einem Bierdeckel auszutricksen, wie sein Entdecker Tschik Cajkovski ziemlich zutreffend formulierte. Der frühere Bundestrainer Helmut Schön wagte es, entgegen den wortreichen Warnungen vieler Bedenkenträger, bei der unvergessenen Weltmeisterschaft 1970 in Mexiko Seeler und Müller gemeinsam aufs Feld zu schicken. Und siehe da -es klappte bestens. Diese völlig losgelöste Spielart gilt sogar noch heute als Paradebeispiel für die Auflösung taktischer Zwänge.

Die 80er Jahre sahen Horst Hrubesch an der Spitze, der seinen Kampfnamen "Kopfball-Ungeheuer" stolz wie eine Trophäe trug. Wenn Trainer in diesen Tagen stöhnen, sie brauchten unbedingt einen „Brecher", dann schwebt ihnen einer wie Hrubesch vor oder wie Dieter Hoeneß. Das war der mit dem Mull-Turban um den im Zweikampf lädierten Schädel. Unerschrockene Jungs mit breiter Stirn und Riesencourage. Die durchschlagende Filmfigur „Rambo" war damals noch nicht auf dem Set, sonst wäre ihnen dieser Titel unweigerlich ans Revers geheftet worden. Von anderer Machart waren der High-tech-Torjäger Karl-Heinz Rummenigge, der bei seinen besten Auftritten schon mal die Leichtigkeit des (Fußballer)-Seins vermittelte und sich bei Bedarf vom Vollstrecker zum Spielgestalter aufschwang, und natürlich Rudi Völler. Er war der Torjäger in seiner Unwiderstehlichkeit als Medienstar, der Vollblutstürmer, der trotz der für diesen Part unumgänglichen Portion Egoismus und bei allem Instinkt nicht den Nebenmann aus dem Blickfeld verlor, wenn dieser erfolgversprechender postiert war.

Eine Galerie deutscher Wertarbeit. Tore sind halt über Zeiten und Grenzen hinweg der Stoff für die Träume und Endlos-debatten an Stammtischen. Selbst wenn eins nur stumm und wehrlos vor Millionen von Augenzeugen Minuten vor dem Anpfiff eines Champions-League-Schlagers wie in Madrid umfällt.

Der Torjäger der späten 90er Jahre ist Ulf Kirsten. Paßt der Leverkusener Himmelsstürmer schon in diese Galerie der Stars mit unbegrenztem Haltbarkeitsdatum oder ist das alles noch nicht seine Hutgröße?

Den klassischen Typen der bahnbrechenden Nr. 9 verkörperte er nicht, als er 1990 den Aufbruch wagte. Zwar war er als der letzte „Fußballer des Jahres" in der DDR geehrt worden, doch die meisten Treffer hatte zu Ultimo der Oberliga sein Mitspieler bei Dynamo Thorsten Gütschow erzielt. Gleichwohl rannten die Agenten der Westklubs, und zwar nicht nur aus der Bundesliga, der Familie Kirsten die Türen ein in der Dresdener Tucholskystraße 12, als die sozialistische deutsche Republik aufgehört hatte, real zu existieren. Der Familienvater entsprach nach den Größenordnungen seiner Heimat durchaus dem Klischee eines Superstars. „Der Schwatte", wie ihn Fans und Freunde riefen, war ein Idol im Lande. 49 Länderspiele im Trikot mit ährenumkränztem Hammer und Zirkel zierten sein Abgangszeugnis. Zuletzt hatte er in Dresden nochmals kräftig abgeräumt: Meisterschaft und Pokal, das Double. Eine optimale Empfehlung. Er wußte, was er konnte und wollte, doch trotz der systematischen Vorbereitung mit der Familie auf den schwierigen Schritt und trotz allen Selbstbewußtseins startete der „Meister der Volkspolizei" des Polizei-Sportvereins Dynamo Dresden seine deutsch-deutsche Karriere in Leverkusen mit Herzklopfen. Bei aller Liebe („Es ging uns Spielern nicht schlecht, wir hatten mehr als die anderen"), im Westen würde ihn eine Menge Neues erwarten. Man mußte als junger Mensch in dieser Situation nicht unter Selbstzweifeln leiden, um sich wie Kirsten zu fragen: „Schaffe ich's auf Anhieb? Wie schlage ich ein? Wie lange geht das gut?"

Der Westen. Goldener Westen? Wilder Westen? Eldorado oder Dodge City?

Warten vor dem Auftritt bei der Saisoneröffnung

Start oder Ziel? Oder beides? Alles schien damals offen, als die Mauer fiel und Menschen durch das offene Brandenburger Tor zueinander fanden. Der Westen sowohl als Ziel jahrzehntelang staatlich verbarrikadierter Wünsche als auch für die zahllosen Zukurzgekommenen als Start zu einer Aufholjagd nach sehr vielen verpaßten Gelegenheiten.

Die Fußballer, als Staatsamateure zwar mit Privilegien ausgestattet, zumal die Nationalspieler, die sich bei Auslandsreisen trotz der Kontrolle in der Welt umgeschaut hatten, begriffen die Wende vor allem als Chance, endlich ihre gute körperliche Ausbildung, ihr Können und ihre Leistungsbereitschaft ungleich besser zu versilbern als bisher. So liefen sie denn auch nicht zum Klassenfeind über, wie die alten Kader klagten, sondern lebten einfach die Möglichkeit aus, raus aus dem Mief und ran ans Moos zu kommen. Der Wechsel in den Westen bedeutete gerade für die meisten Sportler kaum eine ideologische oder schon gar nicht eine geographische Neuorientierung, wohl aber die Verwirklichung einer Menge Sehnsucht nach einem nur vage definierten neuen Lebensgefühl.

Für Ulf Kirsten sollte es sich zum ausgesprochenen Glücksfall entwickeln, daß er sich nach mancherlei Irrungen und Wirrungen eines schönen Sonntagnachmittags an Bayer 04 Leverkusen gebunden hatte. Unter dem Dach des weitgehend familiär geführten Vereins, wo man wegen der immer wieder auftauchenden öffentlichen Neidschübe und Verunglimpfungen eine Art Wagenburg-Mentalität entwickelt hatte, die längst ausgeprägtem Selbstwertgefühl und Stolz auf die eigenen Stärken Platz gemacht hat, stimmte die Chemie. Hier ließ man ihn, der aus einem Kollektiv kam, wie in einer beschützenden Werkstatt an jener Harmonie und Nestwärme teilhaben, die das sensible Rauhbein fürs Wohlbefinden brauchte. Die Aufmerksamkeit der Medien in der Region lenkte damals noch der Konkurrent 1. FC Köln jenseits des Rheins auf sich, so daß sich die Herausforderungen für den Neuling auf diesem Gebiet im Rahmen hielten. Nicht zuletzt aber hieß ihn im Ulrich-Haberland-Stadion in Leverkusen sein alter Spielgefährte Andreas Thom willkommen, mit dem er gemeinsam in zahlreichen Junioren- und Jugend-Spielen sowie in 25 Partien der DDR-Auswahl-

mannschaft die Gegner meistens ausgetrickst hatte.
Schließlich bot ihm Bayer 04 gleich zum Einstieg die Bühne, im UEFA-Cup sein Talent auch international vorzuführen und so Bundestrainer Vogts darauf aufmerksam zu machen, daß da in der Aera nach dem Titelgewinn von Rom bald noch jemand anklopfen werde. Zwar versicherte er jedem, der es hören wollte, brav und bieder, er wolle sich zunächst in der Liga durchbeißen, verschwende angesichts des berühmten Establishments im deutschen Angriff keinen Gedanken an das Thema und werde sich vielleicht demnächst bescheiden hinten einreihen, doch in Wirklichkeit ließ ihm der Ehrgeiz auch in diesem Punkt keine Ruhe. Schließlich mußte er kein Blatt seiner sportlichen Biographie in der DDR verstecken. Im Gegenteil. Warum also sollte er das Kapitel „Berufungen in Auswahlmannschaften" nicht durch die nächste Folge „Berufungen in die deutsche Nationalelf" fortsetzen?

Wie er in dieser Frage dachte und was ihn störte, hat Kirsten später einmal gegenüber dem Wochenblatt „Sport-Bild" formuliert: „Länderspiele sind Länderspiele. Deshalb wäre es schön und fair, wenn man sie addieren würde, auch wenn es zwei Verbände waren. Schließlich werden die Europacup-Spiele, die ich für Dresden und Leverkusen bestritten habe, auch nicht gesondert aufgeführt. Da gibt es eine Zahl. So aber sieht es so aus, als hätten wir mit der DDR nur Spiele zweiter Klasse bestritten."

Im Koffer hatte der Ankömmling einige bittere Erfahrungen, die weniger robuste Naturen zweifellos zur alsbaldigen Kurskorrektur veranlaßt hätten. Anfangs konnte sich Kirsten durchaus wie eine Art Shooting star in der Pop-Szene fühlen, vor dem nach dem ersten Millionseller so viele rote Teppiche ausgebreitet werden, daß er davon ausgehen muß, ihn führe ab sofort jeder Weg ins Paradies. „Ich sage Ihnen mal, wer bei mir noch nicht vorstellig geworden ist, das geht schneller", brüstete er sich wie ein Schneekönig, „Mannheim, Homburg - ich glaube, das war´s schon." Wochen später, als ihn die Wirklichkeit einer brutalen Branche eingeholt hatte, klagte er in einem Interview mit dem „Spiegel": „Ich habe mich total hilflos gefühlt. Viele Leute haben versucht, meine Unkenntnis auszunutzen. Solche linken Dinger, wie sie da laufen, hatte ich wirklich nicht erwartet."

Mit dieser Einschätzung befand er sich allerdings beileibe nicht allein auf weiter Flur. Der populäre Fußballer aus Sachsen war nur einer von vielen in den neuen Ländern, die sich nach dem Rausch der ersten Monate in Freiheit der veränderten Situation nicht nur nicht gewachsen, sondern über den Tisch gezogen sahen. Sie ballten die Hand zur Faust. Verdammt, gerade hatte man Ausbeutung und Bespitzelung durch die eigenen Landsleute überwunden geglaubt, da drohte schon wieder Gefahr - wieder aus deutschen Landen frisch auf den Tisch.

Doch solcherlei Negativerlebnisse, das sollte sich später noch mehrfach zeigen, kippen einen wie Kirsten nicht aus den Pantinen, sondern stacheln ihn an. Entgegen kam ihm zudem seine Berufsauffassung, die extrem entgegengesetzt zu jenem Schlendrian war, den man den Kickern aus der früheren DDR lange nachgesagt hat. Der neue Mann stellte seine Qualitäten von vorneherein in den Dienst der Gemeinschaft. Als Sohn des Arbeiter- und Bauernstaates legte er bei allem Temperament auf dem Platz Disziplin an den Tag und krempelte selbstverständlich die Ärmel hoch, wenn der Schiedsrichter zur Schicht pfiff. Kirsten hatte sich alsbald den Ruf des Vorzeigemalochers erworben, was ihm bei

„Ich bin eigentlich nicht der Typ, der vor dem Tor noch großartige Tänzchen veranstaltet. Mein Fall ist: Augen zu und druff !"

Talcid

Das Stürmer-Duo schlug wieder einmal zu: Kirsten und Thom nach einem Treffer gegen Bayern München.

DIE SCHÖNEREN TREFFER
GIBT ES VON ULF KIRSTEN.
CARGLASS®
Wenn Autoglas, dann CARGLASS.

den Bayer-Fans, die tagtäglich in Diensten des namengebenden Sponsors Leistung abliefern müssen, bis heute respektvolle Anerkennung garantiert. Es war ihm damals sehr recht, daß sich die Sportjournalisten für ihn fast ausschließlich im Zusammenhang mit dem Kumpel Thom interessierten. Der Dresdener und der Berliner wurden als „das ideale Paar" dargestellt, das den etablierten Defensivleuten in der Bundesliga Beine machen würde. Der chronisch mißtrauische Kirsten und der im Umgang mit Reportern mundfaule Thom sorgten jedoch dafür, daß manches Interview recht einseitig, und zwar unter dem Titel einer erfolgreichen Sendereihe aus der Gründerzeit des Fernsehens ablief: „Journalisten fragen - Fußballer antworten nicht..."

Vor allem der Wunsch nach Meinungsäußerungen zu allen möglichen Lebensbereichen außerhalb des Fußballs machte ihnen zu schaffen. „Wer kann denn schon sonderlich daran interessiert sein, was ich zu diesem oder jenem Thema sage?" fragte Thom eher irritiert als gereizt zurück. In der DDR seien die Spielregeln anders gewesen, erinnerte sich Kirsten: „Es gab nicht diesen Medien-Rummel nach den Spielen. Wir mußten uns nicht verkaufen. Sowas prägt und das streifst du nicht einfach ab wie eine zweite Haut." Journalisten sprachen dort vergleichsweise selten mit den Spielern, ließen diesen damit allerdings auch wenig Spielraum, ihre eigene Sicht der Dinge vorzubringen oder sich gegen Kritik zu wehren: „Manchmal haben die einen ganz schön runtergeputzt." Als Beispiel nannte er seinen Platzverweis gleich in der Anfangsphase eines Europacup-Spiels gegen Dinamo Bukarest: „Da war ich sofort der Buhmann, nur weil ich mich verteidigt habe und vor der Kamera einen Kaugummi kaute." Die anschließende Kampagne lag ihm noch Jahre später im Magen: „Schlimmer kann's hier auch nicht sein." „Das ideale Paar" Kirsten/Thom, das sich ausschließlich auf dem Rasen blind verstand, hatte es gemeinsam auch sehr bald über, in den bundesdeutschen Medien wie Exoten behandelt zu werden. Und daraus machten sie auch keinen Hehl. Am 3. Oktober 1990 erreichte Bayer 04 (übrigens durch ein Tor von Ulf Kirsten in der Nachspielzeit) ein 1:1 beim holländischen Ehrendivisionisten FC Twente Enschede und mit diesem Remis die nächste Runde im UEFA-Cup. 3. Oktober - natürlich war das Datum ein spezielles. Man blickte zur Feier des Tages auf das zarte Pflänzlein der deutschen Einheit, und der Termin drängte zu entsprechend investigativem Journalismus gerade an die Adresse der beiden Spieler aus der untergegangenen DDR.

Kirsten sprach von einem „besonderen Gefühl": „Ich kann mich doppelt freuen, über das Weiterkommen und die Vereinigung." Thom indes meinte nüchtern, ein Fest sei der Tag für ihn nicht gerade gewesen, „dazu hätten wir mehr Tore schießen und gewinnen müssen". Er verbinde damit jedoch die eigentlich recht normale Hoffnung, „endlich als normaler deutscher Fußballspieler angesehen zu werden."

"Es gab nicht diesen Medien-Rummel nach den Spielen. Wir mußten uns nicht verkaufen. Sowas prägt und das streifst du nicht einfach ab wie eine zweite Haut."

Ulf Kirsten und Dirk Heinen signieren die neuen WM-Bälle von adidas.

Glosse

Der Torjäger - auf seinem Gebiet und in seinem Revier ist er Spezialist. Da macht ihm keiner was vor, da versteht er auch keinen Spaß. Ein seltener Vogel im Erlebnispark Bundesliga und als solcher entsprechend gesucht, geliebt oder gefürchtet. Hoch explosiv, äußerst schwer zu entschärfen, eineinhalb Stunden lang gebündeltes Dynamit. Wo normalerweise viele andere Köche den Brei verderben, sorgt der Torjäger für das sogenannte Salz in der Suppe des Spiels - für Tore.

Im Gegensatz zum Schürzenjäger braucht der Torjäger weder Jägermeister noch Jagertee, um erfolgreich zum Schuß zu kommen. Geistige Getränke als Zielwässerchen vor Beginn der Pirsch wären in seinem Fall sogar kontraproduktiv. Gemeinsam ist beiden, daß sie sich weder um Schonzeiten, Jagdscheine noch um das sprichwörtliche Jägerlatein scheren. Freilich, während der Schürzenjäger vorwiegend als Einzelkämpfer sein Heil sucht, es sei denn, er tritt in einer gleichnamigen, überaus populären Alpen-Band an die Öffentlichkeit, hat der von der gegnerischen Meute 90 Minuten lang gehetzte Torjäger ohne die Unterstützung des eigenen Jagdverbandes bald sein Pulver verschossen. Tasche mit Platzpatronen leer. Flasche sowieso. Ich habe fertig.

Immer wieder werden Torjäger, gleichgültig ob sie nun getroffen haben oder nicht, bei dem untauglichen Versuch erwischt, staunenden Fußballfreunden wider besseres Wissen weismachen zu wollen, nicht die eigenen Einschüsse seien von Bedeutung, sondern einzig und allein der Erfolg der Mannschaft. Schmarrn. Ein Tor, wer sowas für bare Münze nimmt. Torjäger werden an den Kerben auf dem Schaft ihres Gewehres gemessen. Sie sind das einzige Kriterium seiner Klasse. Sonst gar nix. Wenn ihm sein Chef, der Trainer, in aller Öffentlichkeit bescheinigt, er habe „mannschaftsdienlich" gespielt, ist das meistens einer bösen Abmahnung gleichzusetzen. Thema verfehlt! Auftrag nicht erfüllt! Abtreten! Torschuß-Training. Im Wiederholungsfall droht der Entzug des Waffenscheins.

Weil sich der Torjäger dessen sehr wohl bewußt ist, hat er den Blick nicht nur ständig auf den Ball, sondern vorwiegend auf die gleichnamige Liste gerichtet. Solange sein Name dort die Ta-

bellenspitze ziert, ist er genießbar für Kollegen, Journalisten, Frau, Kinder und Haustiere. Wenn`s klemmt und man ihm penetrant vorrechnet, wie lange er schon daneben liegt, wird er leicht zum Ekelpaket. Es blühen alsbald die Aggressionen. Übrigens, auch der Schürzenjäger leidet bei anhaltendem Mißerfolg leicht unter einem Stau-Syndrom.

Hat er oft genug getroffen, stehen dem Torjäger fortan alle Tore offen. Schon bevor man ihm, entsprechend seinem Job und Ruf, als eine Art paramilitärische Auszeichnung für Friedenszeiten die Kanone des „Kicker" in die Hand drückt, die er als weiteren Staubfänger seiner Trophäen-Sammlung hinzufügen kann, ver drei- oder vervierfachen die internationalen Spielervermittler ihre ohnehin bis in die Intimsphäre reichenden Anstrengungen, seiner habhaft zu werden. Ballermänner seiner Art sind die modernen Heroen, die die Fans zum Träumen und Jubeln bringen, und deshalb als Kostbarkeiten weltweit gefragt. Die Angebote sind häufig schwindelerregend und im schlechtesten Fall stellen sie sich bei näherem Hinsehen auch als solche heraus. Der Torjäger findet zudem Aufnahme in die Endlos-Datei der „Schützenkönige" aller Länder und Jahre. Sollte sich dieser Vorgang ein- oder gar mehrmals wiederholen, gilt er nicht nur laut der papiernen Statistik des Fußball-Almanachs endgültig als Legende.

An die Kehrseite der Medaille, daß ihm nämlich künftig noch mehr Haudegen auf die Hacken springen, um ihn an der Ausübung seines Jobs zu hindern, denkt der brave „Kanonier" nicht, wenn er bei Übernahme seines Preises Auge in Auge mit dem Chefredakteur des Fachblattes Gewehr bei Fuß steht. Es hat sich gelohnt. Die Szene ist bewegend und fotogen. Abseits davon schnürt sich allerdings der Vorstopper die Stiefel fester. Er wird den Mann eng decken, egal, wessen man ihn deshalb später verdächtigen könnte.

Solche Aufdringlichkeit muß der Schürzenjäger nicht fürchten. Er kann allerdings nicht unbedingt und unbeschwert vor diesem oder jenem gehörnten Ehemann sicher sein.

Tetra Pak
PUMA
adidas

Ein Treffer zur Premiere beim Meister Bayern

Die deutsche Nationalmannschaft war mit dem 1:0-Endspielsieg über Argentinien am 8. Juli 1990 in Italien zum dritten Mal Fußball-Weltmeister geworden, als die Bundesliga-Saison 90/91 begann. Franz Beckenbauer hatte nach dem Abpfiff im römischen Olympiastadion an seinem letzten Arbeitstag als Teamchef die allgemeine Euphorie im Lande noch mit der Bemerkung angefacht, dieses Team sei nun auf Jahre hinaus unschlagbar, wenn erst die Spieler aus den neuen Ländern integriert seien. Dazu zählten ab sofort in der aufstrebenden Fußball-Metropole Leverkusen die Neuprofis Andreas Thom und Ulf Kirsten. Entsprechend hoch lag die Latte der Erwartungen.

Kampf um die Lufthoheit

Für Kirsten konnte es nicht besser anlaufen. Gleich im ersten Match hinterlegte der Power-Man seine Visitenkarte. Ein Treffer zur Premiere ausgerechnet beim Meister FC Bayern in München (Endergebnis: 1:1). Ein Deja-vu-Erlebnis der außergewöhnlichen Art. Eine Duftmarke mit optimalem Aufmerksamkeitswert. Hoppla, aufgepaßt, hier kommt einer ohne Helm und ohne Gurt, einer, der ohne Voranmeldung oder Umschweife sein Stück vom großen Kuchen beansprucht.

Daß er sich auf Neuland bewegte, merkte man ihm schon sehr bald nicht mehr an. Zwar fiel es ihm anfänglich schwer, seine Berufsausübung auch als Teil eines Showgeschäfts zu akzeptieren, doch andererseits war ihm schnell klar, daß dort, wo's drauf ankommt, auf'm Platz nämlich, in der Bundesliga auch nicht mit wesentlich schwererem Wasser gekocht wird als in der Oberliga. Als er am ersten Trainingstag die Umkleidekabine im Ulrich-Haberland-Stadion betrat, um sich den künftigen Spielkameraden vorzustellen, rutschte ihm das Herz in die Hose: „Bei uns in Dresden herrschte da immer eine lockere Atmosphäre. Hier saß jeder auf seinem Platz, guckte vor sich hin und sagte kein Wort. Die wirkten fast wie ein Todeskommando. Ich hab mir gedacht: Wo biste denn da hingeraten?"

Die Bilanz nach einer Meisterschaftsrunde fiel ernüchternd aus. Bayer 04 beendete die Serie auf dem achten Tabellenplatz. Im UEFA-Cup-Wettbewerb hatte die Mannschaft durch Erfolge über Twente Enschede und GKS Kattowitz die dritte Runde erreicht, wo in Bröndby das Ende der Fahnenstange erreicht war. Kirsten war heil durchgekommen. Er hatte 32 Pflichttermine bestritten, elf Tore geschossen und zudem mit Unbehagen am eigenen Leibe jene „atmosphärischen Störungen im Club" (Calmund) miterlebt, die wohl oder übel zu diesem Jahrmarkt der Eitelkeiten gehören. Er ging zwar jetzt durchaus schon als etablierter Bundesliga-Spieler durch, der sich auf Anhieb durchgesetzt hatte, doch zufrieden war er nicht.

Vor allem aber machte Kirsten das karge Interesse an den Darbietungen der Bayer-Kicker in Leverkusen und die entsprechend unterkühlte Stimmung auf den Rängen zu schaffen. Die Diskrepanz zu Dresden stieß ihm in diesem Punkt besonders auf und verstärkten die gelegentlichen Anfälle von Heimweh: „Wenn wir vor dem Spiel auf den Platz gingen, um zu prüfen, welche Stollen diesmal angebracht seien, dann spürte jeder von uns dieses Fluidum im vollbesetzten Stadion. Im Grunde brauchten wir eigentlich keine Spielvorbereitung. Jeder war eh bis in die Haarwurzeln motiviert."

Der Spieler kam ins Grübeln: Das kann doch nicht alles gewesen sein im vermeintlichen Erlebnispark Bundesliga, auf dem man aus dem Osten im Westfernsehen mit großen Augen gestarrt hatte. Die Zweifel, im richtigen Film zu sein, wuchsen, als ihn ein Angebot des damaligen italienischen Erstligisten Hellas Verona erreichte. Kirsten fragte den früheren Nationalspieler Hans-Peter Briegel, der ihm aus eigener positiver Erfahrung den Schritt wärmstens empfahl, und beriet mit Bayers allmächtigem Reiner Calmund, dem Manager seines Vertrauens. Der zeigte sich durchaus verhandlungsbereit, denn die Interessenten boten sechs Millionen Mark, um den Profi aus seinem noch bis zum 30. Juni 1993 datierten Vertrag zu lösen. Der Hemden-Wechsel des unzufriedenen Angestellten, der ein Jahr zuvor 3,5 Millionen gekostet hatte, hätte sich für Leverkusen prächtig gerechnet. Der Transfer kam nicht zustande, weil Kirsten vordergründig bei einem Ortstermin

wenig begeistert war von einem Haus, das man ihm als Bleibe zugedacht hatte. Vor allem aber hatte er wohl als erdverwurzelter Zeitgenosse auch ein bißchen Angst vor der eigenen Courage bekommen.

Die zweite Saison „beim Bayer", wie die Mitarbeiter über ihr Tagewerk im Zeichen des Kreuzes als Logo des Weltkonzerns zu sprechen pflegen, verlief unter Gelsdorfs Nachfolger Reinhard Saftig holperig als Berg- und Talfahrt und mündete auf Rang sechs. Wieder zu wenig für die steigenden Ansprüche am grünen Tisch. Schmerzlich war vor allem die Endabrechnung, weil man im April sogar noch vom Double träumen durfte. Es folgte das große Zittern um die UEFA-Cup-Teilnahme, und schließlich stand man mit leeren Händen da.

Auch Ulf Kirsten (zwölf Tore in 23 Einsätzen) hatte ein durchwachsenes Dienstjahr hinter sich, das zeitweise von erheblichen Schmerzen geprägt war. Im Dezember ´91 war er innerhalb von nur drei Wochen zweimal an der Leiste operiert worden. Nach dem Comeback spielte er derart beeindruckend auf, daß der SSC Neapel sogar mit einer zweistelligen Millionensumme winkte und Real Madrid erwog, ihn zum Nachfolger für den in Ungnade gefallenen Mexikaner Hugo Sanchez zu berufen.

Vier Monate später, ausgerechnet in jener Phase, als für das Werksensemble in jeder Begegnung alles auf dem Spiel stand, fühlte sich Kirsten wg. Stasi plötzlich mit dem Rücken an die Wand gedrängt. Die vermeintlich dunklen Seiten seiner Vergangenheit im anderen Teil Deutschlands schienen ihn einzuholen. Alte Seilschaften glaubten, ihn in den Fängen zu haben und setzten ihn mit finsteren Drohungen, seine Zusammenarbeit mit der Staatssicherheit zu enttarnen, unter Druck. Aber diese Rechnung hatten sie ohne den Kämpfer Kirsten aufgemacht, der seine eigene Lebensdevi-

Dieter Trzolek sorgt für Erfrischung.

se, wenn eben möglich nicht zu warten, sondern selbst nach vorne zu gehen, beim Wort nahm und die Öffentlichkeit über seine „Karriere" als „IM Knut Krüger" informierte. Das Thema sollte ihn zwei Jahre danach nochmals beschäftigen. Die spätere Einsicht in die Akte der Gauck-Behörde zementierte dann den Freispruch erster Klasse, womit das Thema endgültig zu den Akten gelegt wurde. Der Spieler war in dem Bewußtsein, nichts verbergen zu müssen, nur kurz verunsichert und registrierte dankbar, daß sich beispielsweise Bundestrainer Berti Vogts, den er schon zuvor beim Abschiedsspiel für Toni Schumacher in Köln unterrichtet hatte, demonstrativ mit ihm solidarisch erklärte.

Daß er als Folge dieser schlagzeilenträchtigen Vergangenheitsbewältigung fortan in jedem Stadion der Republik als „Stasi-Sau" verunglimpft wurde, münzte Kirsten mit der ihm eigenen Chuzpe clever in Eigenmotivation um: „Wenn ich bei Auswärtsspielen nichts gegen mich höre, dann weiß ich genau, daß ich schlecht bin. Und wenn ich schlecht spiele, bin ich nicht gefährlich. Wenn ich aber merke, die Fans pfeifen mich aus und beleidigen mich, weiß ich, daß ich gut drauf bin."

Dem psychischen Tiefschlag folgte ein schwerer Sportunfall, der ihn bis an den Rand der Belastbarkeit forderte. Es geschah am 9. Mai 1992 am hellichten Tag um 15.31 Uhr im Dortmunder Westfalenstadion. Fünfeinhalb Jahre später, als Kirsten im Dezember ´97 den Schalker Gegenspieler Thomas Linke mit einem ebenso überflüssigen wie schlimmen Ellenbogen-Check außer Gefecht gesetzt hatte („ein Riesenfehler von mir") und dafür in der Öffentlichkeit sowie vom Vorsitzenden des Sportgerichts Karl Schuberth („die schlimmste

Mittendrin im Kampfgetümmel.

Tätlichkeit, die wir an dieser Stelle je abzuurteilen hatten") als rücksichtsloses Kameradenschwein gebrandmarkt worden war, da erinnerte er sich, wie oft er schon das Opfer gewesen war, ohne daß es deshalb zu einem Aufstand der selbsternannten Fairneß-Apostel und der Wahrer der Menschenrechte gekommen wäre.

Rückblende auf den 9. Mai 1992. Der damalige BVB-Libero Thomas Helmer tritt über den Ball. Freie Bahn dem Tüchtigen, in diesem Fall für Kirsten. Torhüter Stefan Klos stürzt sich ihm mit den Beinen voraus entgegen, trifft den Leverkusener Torjäger und bricht ihm den rechten Schienbeinkopf. In der Nacht spitzt sich die Situation dramatisch zu. Wegen eines Blutstaus im verletzten Bein droht dem Leistungssportler sogar eine Amputation des Unterschenkels. Bayer-Arzt Professor Dr. Tilling kann rechtzeitig mit Transfusionen eingreifen.

„In dieser Nacht hat mich die Angst gepackt", berichtet der Patient später, „da habe ich gedacht, daß ich nie wieder Fußball spielen würde und habe mir überlegt, ob ich überhaupt richtig versichert bin." Das war das ungleich kleinere Problem, das größere war die Ungeduld des Rekonvaleszenten, bis er endlich wieder am Ball sein durfte.

Zum zweiten Mal in Dortmund, wieder im Bundesligaspiel gegen die Borussia, wurde ihm am 12. Februar 1994 sehr böse mitgespielt. Diesmal flog er nach einem schlimmen Tritt des Abwehrspielers Bodo Schmidt in Richtung Trainerbank. Auch diesmal war es schlimm genug, hätte aber noch weitaus böser ausgehen können: „Im Flug wurde mir blitzartig bewußt, daß alles aus sein kann, wenn ich mit dem Kopf gegen die Stufe knalle. Deshalb bin ich fast instinktiv auf die Knie gegangen." Das linke Gelenk trug die Hauptlast. Mit 2o Stichen mußte Mannschaftarzt Dr. Thomas Pfeifer anschließend den klaffenden Riß auf Kirstens Knie nähen, vorher den Streckmuskel befestigen und einen zerfetzten Schleimbeutel entfernen. Viel Zeit zum Nachdenken folgte. „Warum werden die Stürmer nicht besser geschützt vor solchen Attacken?", ging es ihm, dem Gerechtigkeitsfanatiker, immer wieder durch den Kopf, „es kann doch nicht sein, daß ein Abwehrspieler an dieser Stelle so reingrätscht und mit Gelb davonkommt. In Zukunft müssen strengere Auflagen zur Sicherung dieser Bereiche gemacht werden." Auch diesmal halfen ihm sein gutes Heilfleisch und nicht zuletzt die Kunst des Physiotherapeuten Dieter Trzolek erstaunlich zügig wieder auf die Beine.

Andreas Herzog (Werder Bremen): „Ein Stürmer mit Torgarantie"

Dieser neuerliche Anschlag auf Kirstens Gesundheit fiel ausgerechnet in eine Phase, als das Bayer-Team seine stetig anwachsende Gefolgschaft im stimmungsvollen Schmuckkästchen Ulrich-Haberland-

Glücksmoment mit dem DFB-Vereinspokal in den Händen.

Jens Nowotny: „Ulf Kirsten ist der beste Stürmer der Bundesliga."

Stadion mit feinen Fußballdelikatessen im Europacup verwöhnte. Die Mannschaft von Trainer Dragoslav Stepanovic spielte im Pokalsieger-Wettbewerb, nachdem sie im Finale 1993 die „kleine Hertha", die Amateurfiliale des damals auch nicht sonderlich bedeutenderen Zweitligisten Hertha BSC, mit 1:0 besiegt hatte. „Stepi" hatte kurz zuvor unter erheblichem Getöse den Stuhl von Saftig besetzen dürfen, dem mangelndes Engagement vorgehalten wurde, und sollte in der „Bayer-Bürokratie" für „Zirkus-Atmosphäre" sorgen. Die großen Nummern machten seine Leute, die über Boby Brünn und Panathinaikos Athen ins Achtelfinale vorstießen, wo sie allerdings an Benfica Lissabon scheiterten.

Kirsten, der nach dem Finale der Saison 92/93 gemeinsam mit dem Frankfurter Kollegen Anthony Yeboah für 20 Bundesliga-Treffer erstmals als Torschützenkönig dekoriert wurde, paßte freilich einiges nicht. Mit dem Trainer-Wechsel war er so nicht einverstanden gewesen. Zur Weltmeisterschaft in die USA reiste er ein Jahr später mit körperlichen und seelischen Narben an, denn die leidige „Stasi-Sache" war durch einen Bericht in der Frankfurter Allgemeinen Zeitung (Ausgabe vom 3. Juni 1994) erneut ins Fadenkreuz der öffentlichen Aufmerksamkeit gezerrt worden. Diesmal schafften die Leverkusener den unerfreulichen Vorgang mit Nachdruck aus der Welt. Während der betroffene Kirsten am Rande des Länderspiel in Wien noch klagte, er sei mittlerweile so weit, daß er einen Abschied vom Fußball nicht mehr ausschließe, vereinbarte Calmund für den übernächsten Tag ein Treffen mit dem zuständigen Vertreter der Gauck-Behörde. Dort konnte das Bayer-Duo in Augenschein nehmen, was auf 178 Seiten über den 49maligen DDR-Auswahlspieler mit dem Decknamen „Knut Krüger", der den Auftrag hatte, seine Mitspieler zu denunzieren, aufgezeichnet worden war. Belanglosigkeiten dieser Art: „Die Paßkontrolle bei Ein- und Ausreise verlief ohne Komplikationen". Sie gipfelten ziemlich schnell in der resignierenden Abschlußbemerkung des Führungsoffiziers: „Kirsten arbeitet nicht wie erwünscht. Sein Hauptaugenmerk liegt auf dem Fußball." Das war's. Von einer Bezahlung für die angeblichen Spitzeldienste konnte nicht die Rede sein. Calmund tags darauf in einer Pressekonferenz mit der Wucht seiner Persönlichkeit: „Es handelt sich um eine Entlastungs- und nicht eine Belastungsakte. Etwas Besseres als diese Akte kann Kirsten und uns nicht passieren, um endlich Schluß zu machen mit diesem Kapitel." Der Fußballer: „Ich bin 1983 als 18jähriger blind in eine Falle getappt, das war der größte Fehler meines Lebens. Ich habe vier nichtssagende Berichte geschrieben. Deshalb brach die Stasi ja 1986 auch alles ab. Mit meinen alten Kumpels Ralf Minge und Hans-Uwe Pilz habe ich mich ausgesprochen. Wir konnten reinen Gewissens Freunde bleiben."

Als Pokalsieger 1993 grüßen die Profis von Bayer 04 Leverkusen.

Da kommt Freude auf, der DFB-Pokal gehört Leverkusen.

Unvergleichlich.

Erfolg ist das Ergebnis harter Arbeit.
Ihn über lange Jahre zu haben - das ist wahre Größe.
Nur so entstehen außergewöhnliche Leistungen,
die einfach unvergleichlich sind.

TEXTAR
BREMSBELÄGE

Denn Sicherheit hat einen Namen.

Wieder flatterten Anfragen ins Haus, weil sich schnell herumgesprochen hatte, daß sich „Stepi" und das Duo Kirsten/Thom nicht sonderlich grün war. Doch der Stürmer wehrte diesmal ab, entschlossen, seinen erst 1993 verlängerten Vertrag mit Bayer 04 auch zu erfüllen. Seine Zuversicht bezog er aus der Verpflichtung des Weltstars Bernd Schuster, von dem er sich mit Recht positive Impulse auch für die eigenen Leistungsmöglichkeiten erhoffte.

Doch in der Saison 94/95 häuften sich die Probleme, nachdem nun mit Rudi Völler ein weiterer Hochkaräter mit weltumspannendem Ruhm die kostbare Sammlung bereicherte. Der eigenwillige serbische Coach verbannte Thom auf die ungeliebte Außenbahn oder noch weiter an den Rand auf die Reservebank. Als er im Trainingslager in Orlando auch noch auf Schusters Überlegung einging, die künftige Taktik auf eine Spitze - entweder Völler oder Kirsten - umzustellen, war's mit der ohnehin schon angespannten Ruhe unter den Artisten in der Zirkuskuppel vorbei.

Kirsten brachte sogleich in Florida seinen „Bollerkopp" (Calmund) auf Touren. In der Zielrichtung gleich, im Ton ähnlich, drohten die beiden „Opfer" Thom und Kirsten, unverhohlen mit dem Abschied. Der sich monatelang quälend dahinschleppende Abschied von Schuster legte sich wie ein Schatten auf die Mannschaft und beeinflußte deren Auftritte negativ. „Sportlich habe ich ihn geschätzt, menschlich hat er mich am Ende enttäuscht", sprach Kirsten aus, was viele dachten, nachdem „der blonde Engel" seinen Spind geräumt hatte.

Immerhin, viel Freude kam auf durch ein paar unvergeßliche Ständchen des Bayer-Ensembles im UEFA-Cup mit den Highlights gegen Eindhoven und den FC Nantes.

„Die Freude am Spielen ist wieder da", atmete Kirsten auf, als „Stepi" nach der UEFA-Cup-Heimniederlage gegen den AC Parma in Leverkusen die letzte Kippe gelöscht hatte, „endlich erfahre ich wieder vom Trainer, wie ich gespielt habe, und nicht aus der Zeitung." Der Mann, dessen Urteil ihm wichtig war, trug einen gerade beim Bayer-Anhang vorzüglichen Namen: Erich Ribbeck, unter dessen Regie 1988 die Profi-Truppe der Generation Vollborn/Cha/Rolff sensationell den UEFA-Cup gewonnen hatte. Jetzt sollte es „Sir Erich" erneut richten. Kirsten und Thom gaben plötzlich wie befreit kräftig Gas. Der Ex-Berliner durfte wieder auf der von ihm bevorzugten zentralen Position ran und sich mit starken Vorstellungen für seinen Wechsel zu Celtic Glasgow empfehlen. Die Mannschaft steigerte sich auf den siebten Platz. Der Schaden war begrenzt worden.

Umgedrehter Pokal: Reiner Calmund, Mann mit Helm

BVB
09

Zwei Sturköpfe, aber im positiven Sinn

Schon zu Beginn seiner Karriere während seiner Dresdner Zeit zeichnetet Ulf Kirsten die Mentalität aus, unbedingt gewinnen zu wollen. Dank seines Willens war er auch in allen seinen Teams erfolgreich. Für einen Stürmer ist es immer wichtig, individuell Erfolg zu haben. In Dresden durchliefen wir die gleiche Schule und gerieten uns natürlich auch in die Haare. Wie zwei Sturköpfe halt - aber im positiven Sinn. Von meiner Seite aber empfand ich immer großen Respekt vor seiner Leistung. Daß er als Spieler nicht gerade über eine Filigrantechnik verfügt, dürfte ja auch inzwischen jedem bekannt sein. Dennoch konnte er es über all die Jahre immer wieder schaffen, durch seine Tore zu überzeugen. Wenn wir uns bei der Nationalmannschaft trafen, haben wir nie über die alten Zeiten geredet. Das Thema ist durch. Was mir besonders an ihm imponiert: Nie fiel er durch irgendwelche Skandale negativ auf. Es spricht für seinen ausgesprochenen Familiensinn, daß er immer noch mit seiner Jugendliebe Diana verheiratet ist und zwei Kinder hat. Ein Vorzeigeprofi.

Matthias Sammer

Oliver Bierhoff und Matthias Sammer: Goldige Erinnerungen an die EM 1996 in England.

MOTOROLA
Bayer-Kaufhaus
LUPESCU
5
MÜNCH
22

Schwerer Gang: Einmarsch zum Entscheidungsspiel um den Abstieg 1996 gegen den 1. FC Kaiserslautern. Durch das Tor von Markus Münch zum 1:1 blieb Bayer 04 in der Bundesliga

In seinem letzten Bundesligaspiel für Bayer 04 gab Rudi Völler, im Zweikampf mit Miroslav Kadlec, gegen den 1. FC Kaiserslautern noch einmal alles. Es sollte belohnt werden.

Endlich ein richtiger Leverkusener geworden

Es folgte die übliche Sommer-Serenade. „The same procedure as every year", um das geflügelte Bonmot der unvergleichlichen Miß Sophie im Silvester-Dauerbrenner „Dinner für one" zu bemühen. Die Interessenten meldeten sich zur Stelle, mal diskret, mal auf offenem Markte, aber immer bereit, tief in die Taschen zu greifen, denn noch hatte ein gewisser Jean-Marc Bosman nicht beim Europäischen Gerichtshof jenes Urteil erstritten, das ab Dezember 1995 die Spielregeln des Geschäfts auf den Kopf stellen sollte. Werder Bremen bot eine zweistellige Millionen-Ablösesumme für Kirsten und Thom im Doppelpack. Franz Beckenbauer dachte kolumnenmäßig über Kirsten als den rechten Partner für Klinsmann im Bayern-Sturm nach. Dortmunds damaliger Trainer Ottmar Hitzfeld ging angesichts der potenten Konkurrenz gleich in die Offensive, fädelte Gespräche mit dem Kollegen Ribbeck und mit Calmund ein und holte sich ebenfalls einen Korb. Denn der Mann, dem all die Aufmerksamkeiten galten, richtete den Blick nach vorne und blieb - wieder einmal - im Lande.

Hätte er gewußt, was auf ihn zukam, er hätte wahrscheinlich gleich den nächsten Notausstieg genommen. Es sollte eine groteske Horror-Saison werden mit einem Happy End, das sich mancher auf den letzten endlosen Metern bis zum High Noon im Haberland-Stadion gegen Kaiserslautern längst abgeschminkt hatte.

Schon vor dem Start war der Stürmer mit Erich Ribbeck aneinander geraten und hatte sich prompt beim Trainer die gelbe Karte wegen Meckerns abgeholt. Es ging um eine Lappalie, den Wechsel des Trainingsquartiers. Andere dachten wie er. "Aber der Ulf riß mal wieder den Bagger auf", wie Calmund hübsch anschaulich formuliert. „Er muß sich ändern", forderte der Trainer. Kirsten lenkte ein: „Ich habe mich im Recht gesehen. Aber der Trainer entscheidet, er muß ja auch den Kopf hinhalten. Ich bin eben kein einfacher Typ."

Es lief mehr schlecht als recht. Immerhin, die neue Drei-Punkte-Regel ließ der Bayer-Equipe bis weit in die Rückrunde durchaus die Option, wieder Anschluß zur Spitze zu finden. Die Kehrseite, daß auch die Distanz zu den Abstiegsrängen nur ein paar lächerliche Zähler betrug, mochte niemand so recht zur Kenntnis nehmen. Wer es dennoch wagte, setzte sich der Gefahr aus, als Miesmacher in die Ecke gedrängt zu werden. Selbst als die Situation eigentlich hoffnungslos war, hielt sie manch einer noch nicht für ernst und berief sich auf die rheinischen Weisheiten des Konrad Adenauer. Kirsten, bei dem die Alarmglocken schon früh schrillten, fühlte sich durch die Entwicklung nervlich durchgeschüttelt. Anfang Mai brach er vor dem Rückflug von einem Behandlungstermin beim Bayern-Doc Dr. Müller-Wohlfarth im Lufthansa-Flieger auf dem Münchener Franz Josef Strauß-Flughafen zusammen: Kreislauf-Kollaps, Unterzuckerung. Ständige Rückenschmerzen und die anhaltende Formkrise, die seinen neunjährigen Sohn Benjamin bei nur drei Rückrunden-Toren zu der kritischen Feststellung brachte: „Papa, du bist gar nicht mehr gut", kosteten ihn die Teilnahme an der Europameisterschaft in England.

Als die Rettung unter der Regie des Co-Trainers Peter Hermann, der seinen Chef kurz vor Ultimo abgelöst hatte, geschafft

Claudio Reyna: „Der beste Strafraumspieler in Deutschland. Er hat immer Tore gemacht. Ein unglaublicher Stürmer, immer für Überraschungen gut. Mit so einem Torjäger hatte ich vorher noch nie zusammengespielt."

und der Alptraum vorüber war, als sich der abgestiegene Pfälzer Weltmeister Andreas Brehme an der Schulter seines Spezis Rudi Völler ausgeweint hatte, bilanzierte Kirsten ein verkorkstes Jahr: „Es ist alles schief gelaufen. Ich war im schwarzen Loch. Meine Freunde Heiko Scholz, Andy Thom und Pavel Hapal wurden verkauft. Ich habe darauf hingewiesen, daß unsere Truppe nicht so gut ist. Ich war auch öfter anderer Ansicht als Trainer Erich Ribbeck. Und dann fehlte mir vor dem Tor das Glück. Ich hätte mich am liebsten unter der Grasnarbe verkrochen. Ich habe mich verrückt gemacht, alles verbissen gesehen und dadurch überhaupt nichts mehr getroffen." „Tougher than all the rest", um einen berühmten Springsteen-Song zu zitieren, davon war nichts mehr zu merken. Ulf Kirsten, der Mann mit dem breiten Kreuz, war nicht mehr robuster als alle anderen.

Klar, man war noch einmal davongekommen, doch als es bei ihm erneut zuging wie im türkischen Basar, weil sich die Interessenten drängelten, schien die Zeit reif für den verunsicherten Torjäger, der sich noch zu unternehmungslustig fühlte, um im dumpfen Trott zu vertrotteln. Der frühere Leverkusener Profi Wolfgang Vöge vermittelte gesteigertes Interesse aus Glasgow. Konkret und attraktiv war das Angebot aus Lissabon von Benfica. Diesmal war Kirsten bereit, er hatte die Nase gestrichen voll. Wie an den Sahnetagen seiner Obsession, bei der Jagd nach dem Ball, dem Objekt der Begierde, würde ihn hier keiner mehr halten können. Keiner? Keiner! Doch dann

erschien ein gewisser Christoph Daum auf der Bildfläche, der die Personalsache Kirsten gleich zur Chefsache erklärte und eingriff. „Endlich ist das Ende der Bescheidenheit erreicht", atmete Jürgen von Einem, der Sportbeauftragte der Bayer AG, tief durch, als der Mann mit dem Ruf des unschlagbaren Motivators erstmals öffentlich seine Ziele darstellte. Ähnliches ging Ulf Kirsten durch den Kopf. Neuer Anlauf, neues Spiel, neues Glück.

Daum brachte Kirstens Psyche ins Lot und überzeugte ihn zusammen mit Calmund und Völler, der seine Karriere in den kurzen Hosen inzwischen mit einem schönen Abschiedsspiel hatte ausklingen lassen und inzwischen auf die andere Seite des Schreibtischs gewechselt war, zuvorderst seinen Frust in Richtung Nationalmannschaft aufzugeben und sich stattdessen dem Bundestrainer möglichst von der besten Seite zu zeigen. Gleichzeitig ermunterte der Trainer den Manager Calmund und den Pressesprecher des Klubs, Ulrich Dost, beide ausgewiesene Kirsten-Vertraute, sowie dessen juristischen Berater Dr. Rolf Stankewitz zu einer Einflußnahme, die vordergründig PR-Zwecken zu dienen schien und sich auf Anhieb wie eine Sisyphusarbeit ausmachte. Eine Korrektur am Image des Ulf Kirsten, der sich zu oft als "gelinkt" und verfolgt präsentiert hatte, war angesagt. Ein unmögliches Unterfangen, falls der als zuweilen übellaunig und unausstehlich verschrieene Spieler, der schon „Motzki" gerufen wurde, als noch niemand wußte, daß Matthias Sammer überhaupt

Laut geben konnte, nicht mitspielen würde.

Kirsten ließ sich auf den Selbstversuch ein und gewann zunehmend Spaß daran. Zumal der Erfolg ihm zeigte, daß er in der funktionierenden Gruppe auf dem Rasen und als Glied eines Teams in seinem persönlichen Umfeld unschlagbar war. Jetzt drängte er im rechten Moment auf den Ausgleich, wo er früher polarisiert hatte. Jetzt übernahm er Verantwortung, die er zuvor frei nach dem Motto „Es gibt viel zu tun, packt`s schon mal an!" bei den anderen gut aufgehoben sah. Jetzt stützte sein vorbildlicher Einsatz im eigenen und im Interesse der Mannschaft seine natürliche Autorität auch ohne die Kapitänsbinde, die Daum als signifikanten Hinweis für den Aufbruch in neuen Spuren ausdrücklich dem aus Karlsruhe verpflichteten Junglibero Jens Nowotny überantwortet hatte. Fortan hatte Kirsten endlich das Gefühl, gebraucht zu werden - in jeder Hinsicht. Früher, sagt er in einem Tonfall, als liege das alles Jahrzehnte zurück, sei er froh gewesen, wenn vorzugsweise Rudi Völler zu Fernsehauftritten eingeladen wurde, er

selbst habe ja „nicht so die Ausstrahlung". Als ihn die Klubführung in beiderseitigem Interesse bat, sich stärker als bisher für die Medien zu öffnen, signalisierte er Verständnis und gewann bei den Journalisten, zu denen er zuvor allenfalls eine Problembeziehung hatte, schnell Pluspunkte.

Als abgerechnet wurde, befand sich die Bayer-Fußball-Aktie in einer sensationellen Hausse. Der binnen acht denkwürdiger Minuten gerettete Abstiegskandidat hatte lange dem späteren Meister FC Bayern Paroli geboten, mit der Teilnahme an der lukrativen Champions League den Sprung in die feinen Kreise des europäischen Profisports geschafft und, wie der Trainer gerne zu sagen pflegt, „Außerordentliches geleistet und erreicht". Ulf Kirsten hatte mit 22 Toren sein gutes Teil dazu beigetragen und zum zweitenmal die für den Sieg in diesem Preisschießen vorgesehene Dekoration kassiert. Längst trat er so auf, daß ihm niemand mehr seinen Rückpaß an die Kollegen („das alles ist auch ein Erfolg meiner Mannschaft, von der profitiere ich doch") als billige Floskel interpretiert hätte. Daum hatte die Mannschaft zum Star gemacht, indem er ihr das eingeimpft hatte, was im Englischen wie ein Credo des Erfolgs, wie ein Programm klingt: „Team spirit".

Bei Kirsten ging mit diesem Prozeß eine höchst erwünschte Nebenwirkung einher. Er war zum Idol der Bayer-Anhänger geworden, die es nicht immer leicht mit ihm gehabt hatten und denen er es zuweilen auch nicht leicht gemacht hatte. Jetzt identifizierte er sich auch nach außen mit ihnen und mit dem Verein. Während des Kopf-an-Kopf-Rennens mit den Münchenern stachelte er die in der Wolle rot-schwarz eingefärbten Sportsfreunde in einem "Kicker"-Interview an: „Ich habe mir dieser Tage die Videos von unserer Feier nach dem Pokalsieg 1993 nochmals rausgeholt. Da war eine Superstimmung. Das möchte ich nochmals erleben. Gerade für unsere Fans wollen wir den Erfolg. Was sind die ausgelacht worden, weil sie sich zu Bayer bekannt haben. Jetzt können wir ihnen etwas zurückgeben." Wenig später überreichte er wieder einen Strauß Komplimente via „Bild am Sonntag": ‚Unsere Fans haben sich genauso sensationell entwickelt wie wir. Im Ulrich-Haberland-Stadion in Leverkusen brennt die Bude. In diesem Hexenkessel können wir wirklich alle abkochen."

Ulf Kirsten - der Bomber als Identifikationsfigur der ausgehenden 90er Jahre. Sportchef Völler brachte es im Dezember 97 in einem Beitrag für die „Welt am Sonntag" auf den Punkt: „Ulf Kirsten hat oftmals mit Angeboten aus dem Ausland geliebäugelt. Geblieben ist er letztlich, weil er seit seiner Ankunft hier 1990 längst ein echter Leverkusener geworden ist. Für die Bayer-Fans war er trotz Bernd Schuster oder mir immer die Nummer 1. Und wenn ich mich mit ihm unterhalte, merke ich, daß er sich total mit dem Verein identifiziert. Auch deshalb planen wir, ihn nach seiner Karriere in die Jugendarbeit bei Bayer einzubinden."

Vorher hat „der Schwatte" allerdings noch einiges auf'm Platz vor. Mit seinem dritten Titel als Torschützenkönig hat Kirsten mit Karl-Heinz Rummenigge gleichgezogen, historische „Kanoniere" wie Lothar Emmerich, Klaus Allofs, Jupp Heynckes und Dieter Müller übertrumpft und wird nun nur noch von Gerd Müller (siebenmal) übertroffen. Er möchte weiter seiner Leidenschaft frönen, gegnerischen Torleuten auf den Buckel zu gucken, wenn sie sich bücken, um den Ball aus dem Netz zu holen, und er möchte im Bayer-Dreß unbedingt noch diesen oder jenen Titel gewinnen.

Ich fand sofort einen guten Draht zu ihm

Männergespräch: Ulf Kirsten, Erich Ribbeck und Rudi Völler

An meine erste Begegnung mit Ulf Kirsten kann ich mich noch genau erinnern. Kurz nach der Wende Anfang 1990 trafen wir uns bei einem gemeinsamen Termin mit dem Fachblatt „Sport-Bild" auf dem Frankfurter Flughafen. Wie üblich unter Sportsleuten quatschten wir ganz locker über Fußball und was uns die Zukunft nach der Wiedervereinigung bringen würde. Schon damals fand ich sofort einen guten Draht zu ihm. Beide konnten wir uns zu diesem Zeitpunkt jedoch nicht vorstellen, daß wir einmal für Bayer 04 Leverkusen stürmen würden. Kurios: Unser nächstes Zusammentreffen war dann gleich mein letztes Länderspiel gegen Mexiko 1993 in Dresden - so war es jedenfalls geplant. Bundestrainer Berti Vogts wechselte damals für mich Ulf Kirsten ein. Bekanntermaßen folgte bei mir der Rücktritt vom Rücktritt, und Ulf Kirsten und ich gehörten 1994 gemeinsam zum WM-Aufgebot in den USA. Diese WM verlief für ihn doch relativ frustrierend. Wegen einer Muskelverletzung saß er noch nicht einmal bei einem Spiel auf der Bank. Während dieser Zeit gab es zwischen uns eigentlich nicht viele Berührungspunkte.

Das sollte sich nur kurze Zeit später gewaltig ändern, weil mich Manager Reiner Calmund nach Leverkusen holte, wo Ulf bereits seit 1990 spielte. Inzwischen konnte ich ihn auch sportlich ganz gut einschätzen. Natürlich ist er ein Torjäger, der die Tore am liebsten selbst schießt. Gleichzeitig aber tritt er als absoluter Mannschaftspieler auf, der sein Können ganz in den Dienst des Teams stellt. Auch wenn wir als Spielertypen doch recht ähnlich waren, so harmonierten wir doch auf dem Platz recht ordentlich. In einer Saison erzielten wir gemeinsam 31 Treffer - das ist für ein Sturmduo in der Bundesliga gar nicht so schlecht. Ulf hat seine Art, Fußball zu spielen, immer beibehalten. Mit seiner Kampfbereitschaft kommt er beim eigenen Publikum und allgemein gesehen in Deutschland recht gut an. Wenn er eine Chance zum Torerfolg sieht, nimmt er sie auch wahr - deshalb zähle ich ihn zu den Toptorjägern in Europa. Er gehört zu jener Spezies der klassischen Strafraumspieler. Dort muß er mit Flanken gefüttert werden, bis es nur noch eine Frage der Zeit ist, und er sein Tor macht. Für seine persönliche Entwicklung, so glaube ich, war es von großem Vorteil, daß Bernd Schuster und ich nicht mehr bei Bayer 04 Leverkusen spielen. Mittlerweile schaffte es Ulf Kirsten, selbst zu einer Persönlichkeit zu werden. Sollte er fit in dieses WM-Turnier in Frankreich gehen können, wird er ganz bestimmt zu den Protagonisten gehören.

Rudi Völler

BAYER
ASPIRIN®
ASPIRIN PLUS C
Egidius Bra

Hohe Herren zu Gast bei Bayer 04 Leverkusen: Reiner Calmund mit Bundestrainer Berti Vogts und DFB-Präsident Egidius Braun.

adidas
DEUTSCHER

Nationalteam - Liebe auf den zweiten Blick

Im verflixten siebten Jahr, in dem schon so manche Beziehung den finalen Härtetest nicht mehr bestehen konnte, hatte die Entfremdung ein derartiges Ausmaß angenommen, daß das Ende unaufhaltsam schien. „In der Nationalelf war ich immer nur Lückenbüßer", gab Ulf Kirsten, Profi in Diensten von Bayer 04 Leverkusen, im September 1996 nach 17 Berufungen ins Trikot mit dem Bundesadler, zu Protokoll. „Bei Berti Vogts habe ich halt nicht die Lobby, die andere Spieler haben. Das letzte Mal habe ich vor einem Jahr mit dem Bundestrainer gesprochen."

Es war das Notsignal eines Spielers, der nichts mehr braucht als das uneingeschränkte Vertrauen seiner direkten Bezugsperson, wenn er Höchstleistung bringen soll. Hier meldete sich nicht etwa „Motzki" pikiert zu Wort, der Unruhe erzeugen und womöglich davon profitieren wollte, sondern ein Torjäger mit ungebrochenem Ehrgeiz, der sich keineswegs für zweite Wahl hält und nicht weiß, warum er abgewiesen wird. Da macht er sich wohl oder übel auf die Suche nach der eigenen Identität: „Natürlich denke ich darüber nach, ob es überhaupt noch Sinn macht, auf eine Einladung zu hoffen." Das machte einen stark endgültigen Eindruck, nicht länger einer verschmähten Liebe nachzulaufen, der zum Glück über den Tag hinaus keinen Bestand hatte.

Daß es dann doch nicht schon alles gewesen war, dafür sorgten sie prompt in Leverkusen, indem sie energisch ihre Fürsorgepflicht gegenüber dem Profi und damit gleichzeitig die Interessen des Vereins wahrnahmen. Denn für Bayer 04 hätte es einen erheblichen Verlust bedeutet, wenn sich ein Spieler mit solch günstigen sportlichen Perspektiven sowie enormer Bedeutung auch für das Klubprofil ohne Not von der internationalen Bildfläche verabschiedet hätte. Trainer Daum enttarnte seinen sensiblen leitenden Mitarbeiter zu dessen Entlastung als Plappermaul: „Ulf reagiert manchmal zu heftig. Er ist halt sauer, daß er keine Chance bekommt. Das ist legitim. Aber ich bin sicher, er wird sich über eine Berufung freuen." Manager Calmund und Sportdirektor Völler brachten ihren guten Draht zum DFB-Chefcoach ein. Die Fürsprache griff. Drei Monate später bestellte ihn Vogts zum Rhein/Main-Flughafen nach Frankfurt und gab ihm beim Länderspiel gegen Portugal in Lissabon (0:0) eine Bewährungschance. „Eine echte Rücktrittserklärung hatte ich ja nie abgegeben", lenkte Kirsten nach einer ausgiebigen Aussprache ein. Fortan zählte er zum Stamm ohne Anspruch auf einen Stammplatz.

Ulf Kirsten und Berti Vogts, das ist eine jener Geschichten, die manchmal umgeschrieben werden müssen, weil sie gestern und heute einfach so träge dahinfließen und morgen plötzlich an rasante Fahrt gewinnen. Es ist seit Jahren auch eine Dreiecksstory im Beziehungsgeflecht zwischen dem Bundestrainer, dem Kapitän seiner Europameister-Elf, Jürgen Klinsmann, und dem Duo Bierhoff/Kirsten, das sich lange konkurrierend um die freie Stelle neben dem Schwaben beworben hat. Spätestens seit Anfang des WM-Jahres scheint die bisherige Setzliste allerdings Makulatur zu sein. Wobei die Experten sich nach wie vor einen wahren Glaubenskrieg liefern, wer denn nun bei welchem taktischen Winkel-

Dragoslav Stepanovic (Trainer von Bayer 04 Leverkusen, 1993 - April 1995): „Er ist so ein netter Kerl - aber auf dem Platz wird er zum Fighter."

Vertraute Zweisamkeit: Oliver Bierhoff und Ulf Kirsten.

zug in dem flotten Dreier mit wem am besten kann.

Ulf Kirsten war 24 Jahre jung und hatte 49 Länderspiele in Auswahlmannschaften der DDR bestritten, als er im Frühjahr 1990 nach Westdeutschland kam. Natürlich dachte er einerseits nicht im entferntesten daran, diese Spielart seines Berufs künftig brach liegen zu lassen, andererseits aber auch nicht im Traum daran, gleich irgendwelche Wünsche oder gar Ansprüche anzumelden. Also stellte er sich mit seinem Spezi Andreas Thom hübsch bescheiden in der letzten Reihe an („Man muß Geduld haben") und tat im übrigen im Bayer-Trikot alles, um Bundestrainer Vogts auf sich aufmerksam zu machen. Das dauerte nicht lange, denn die Medien stürzten sich auf das torgefährliche Duo aus dem Osten und putzten es als brandgefährliche „Brüder Blattschuß" heraus.

Aber die Claims waren abgesteckt, die Platzhirsche waren damals Völler, Klinsmann und mit Abstrichen Karlheinz Riedle. Kirsten, der Vogts schon früh über die ebenso leidige wie harmlose Stasi-Episode informiert hatte, mußte warten. Beim 4:0 gegen die Schweiz im Dezember 1990 gehörte er zwar erstmals zum Kader, aber richtig dem Schiedsrichter-Assistenten die Stollen zeigen, durfte er erst am 14. Oktober 1992.

Das war nach der Europameisterschaft in Schweden, um die ihn eine Attacke des Dortmunder Torwarts Stefan Klos gebracht hatte. Freilich, diese Premiere war für den gebürtigen Sachsen etwas Besonderes. Es war ein Heimspiel bei Muttern nach langer Pause. Gegen Mexiko trat die gesamtdeutsche Elf nämlich erstmals in den neuen Bundesländern an. Die Nationalhymne ertönte im Dresdener Rudolf-Harbig-Stadion unweit von Kirstens früherer Wohnung. Die Situation war bewegend, die Emotionen packten Spieler und Fans. Ebenfalls im Einsatz war der Mannschaftskollege und Freund Heiko Scholz. In der zweiten Halbzeit wurde Kirsten für Völler eingewechselt. Es sollte offiziell und eigentlich „Ruuudis" letztes Länderspiel sein. „Ich hätte es nie im Leben für möglich gehalten, daß ich mit dem Rudi nochmal zusammen in einer Mannschaft antreten würde", wunderte sich „der Schwatte" Jahre später, als sie für Bayer 04 im Einsatz waren. Daß das Match 1:1 endete und die Fußball-Annalen nicht ihn, sondern Völler als Torschützen auswiesen, war an jenem Tag nebensächlich.

Kirstens erstes Tor im gesamtdeutschen Dreß datiert vom 14. April 1993. Es war ein Treffer mit Wirkung, denn nach dem verlorenen EM-Finale (0:2 gegen Dänemark) und mehreren unbefriedigenden Vorstellungen war in Teilen der interessierten Öffentlichkeit eine Art Anti-Vogts-Stimmung erzeugt worden. Als die Mannschaft dann im Länderspiel im Bochumer Ruhrstadion gegen Ghana mit 0:1 hinten lag, war das Geschrei groß. Kirsten kam für Riedle, sah und traf zum Ausgleich. Beim Abpfiff hieß es 6:1, und mancher Bericht wurde hastig umformuliert, weil er dem Spielverlauf nicht mehr gerecht wurde.

Zur Nagelprobe für die Geduld eines ungeduldigen jungen Mannes wurde die WM 1994 in den Vereinigten Staaten. Das bittere Fazit einer gut vierwöchen Dienstreise für den Ehrgeizling: Außer Spesen nichts gewesen. Kirsten hatte sich lange genug unter den 22 Profis deutscher Zunge in einem Golfhotel am Rande der Millionen-Metropole Chicago als „das ärmste Schwein der Kompanie" gefühlt.

Das Unglück geschah schon in der Vorbereitungsphase. Am vierten Tag des Trainingslager in der schleswig-holsteinischen Sportschule Malente zog sich der Torjäger einen Muskelfaserriß mit Adduktorenverletzung im linken Oberschenkel zu. Die drei Testspiele gegen Irland, Österreich und in Kanada mußten ohne ihn stattfinden. Beim Abschied aus dem letzten Camp in Toronto war Kirsten einsatzbereit, wartete jedoch in den drei WM-Gruppenspielen gegen Bolivien, Spanien (in Chicago) und Südkorea (in Dallas) vergeblich auf seine Nominierung.

Die Hoffnungen stiegen, als sich vor dem Achtelfinale (gegen Belgien) eine Kurskorrektur in der Angriffsbesetzung abzeichnete. Doch nun kam's knüppeldick. Zwei Tage vor dem Match setzte ihn eine

Coca-Cola

AMSTEL

abermalige Muskelverletzung im linken Oberschenkel außer Gefecht. Das war`s dann. Über die Gefahr, ohne Schuld zum WM-Touristen abgestempelt zu werden, konnte er nicht mehr lange nachdenken, denn schon im Viertelfinalspiel gegen die Bulgaren war durch das 1:2 in New York für den Titelverteidiger Schichtende.

Geblieben ist Kirsten von dem unseligen Trip nur ein unvergeßlicher Eindruck beim ersten Schritt auf den Rasen des „Soldier Fields" in Chicago kurz vor dem Eröffnungsspiel: „Wie ich in dieser ausgelassenen, fröhlichen und absolut friedlichen Atmosphäre die Hymne mitgesungen habe, das werde ich immer mit meinem ersten WM-Turnier verbinden." Und dazu natürlich das Ziel, künftig bei solchen Gelegenheiten mittendrin statt nur dabei zu sein. Nach dem endgültigen Rücktritt Völlers sollte es zu schaffen sein.

Es blieb steinig für ihn, denn an Klinsmann führte fürs erste weiterhin kein Weg vorbei. Für die übrigen Asse der Abteilung Attacke stand lediglich ein Freiplatz zur Verfügung, der je nach Augenblicksform auch schon mal wie ein Wanderpokal weitergereicht wurde. Kirsten empfahl sich mit Toren gegen Albanien (beim 2:1 im November ´94 in Tirana) sowie gegen Moldawien (beim 3:0 im Dezember in Chisinau). Vor der Partie gegen Georgien im Nürnberger Frankenstadion (6. September 1995) hatte sich der Leverkusener nach einer Vogts-Aussage schon auf die Reservebank eingerichtet („Kirsten hat seine Chance nicht genutzt"), doch dann gab ihm der Bundes-Berti doch den Vorzug gegenüber Kuntz und Labbadia und erhielt prompt die Belohnung in Form des letztlich für den 4:1-Erfolg ausschlaggebenden dritten Tores.

Anschließend brach der Funkverkehr weitgehend ab, denn Kirsten ging mit Bayer 04 in den Untiefen einer schwachen Bundesliga-Saison fast unter. Für die Europameisterschaft in England kam er so in der Krise nicht in Frage. Aber seine Ambitionen gab der Spieler deswegen noch lange nicht auf. Kaum sah der Torjäger, dessen Antriebskräfte durch das Duo Daum/Koch neu zum Leben erweckt worden waren, Licht am Ende des Tunnels und das Netz wieder zappeln hinter dem gegnerischen Keeper, erinnerte er sich der Abschiedsbemerkung des Bundestrainers in Nürnberg: „Er sagte mir, daß es jetzt für mich einen Neuanfang gebe. Und es war wirklich ein Anfang. Allerdings der Anfang vom Ende. Danach habe ich nie mehr für Deutschland gespielt."

Der Rest ist bekannt. Vogts verstand den verklausulierten Hilferuf, ließ sich auch von der charakterlichen Entwicklung des früheren Eigenbrötlers beeindrucken und bat zum Gespräch unter Männern. Seitdem trifft Kirsten auch wieder für Deutschland - beim 1:1 in Berlin gegen die Portugiesen (6. September 1997) und beim 4:0 gegen die Armenier vier Tage später in Dortmund. Beim 3:2 im spanischen Granada im WM-Qualifikationsspiel gegen Albanien (2. April 1997), als der Europameister den Bach runterzugehen drohte, sogar im Dreierpack (3:2).

Ulf Kirsten hat sich trotz mancher Rückschläge hochgearbeitet. Vom sogenannten erweiterten in den engsten Kreis der Nationalelf. Ob sich die Sache zwischen ihm und Berti Vogts in Frankreich zu einer wunderbaren Freundschaft entwickelt? Schau´n mer mal.

Herrenrunde: Bremens Vizepräsident Fischer, Egidius Braun und Kurt Vossen

Einer, der jedes Spiel gewinnen will

Eigentlich muß ich gar nicht lange in meinen Erinnerungen kramen, auch heute weiß ich noch sofort, wann mir der Spieler Ulf Kirsten das erste Mal aufgefallen war. Als feststand, daß wir bei der Europameisterschaft in Deutschland 1988 gegen Dänemark würden spielen müssen, sah ich mir als damaliger Teamchef im Vorfeld der EM das Testspiel der Dänen in Kopenhagen gegen die damalige DDR an. Wie gesagt: Eigentlich wollte ich die Dänen beobachten, doch von den 22 Akteuren konnte mich nur einer faszinieren - Ulf Kirsten, der zu diesem Zeitpunkt noch bei Dynamo Dresden spielte.

Selbstverständlich verfolgte ich seinen weiteren Weg, erst recht, seitdem er für Leverkusen in der Bundesliga spielt. Heute kann ich behaupten, daß er einer der wichtigsten Spieler geworden ist. Von der Klasse des Ulf Kirsten gibt es im Moment wirklich wenige Spieler. Ich sehe in ihm noch den typischen Torjäger, der keinen Zweikampf ausläßt, der mit seinem unbändigen Willen, seiner unglaublichen Einsatzbereitschaft und Dynamik jedes Spiel gewinnen will und der 90 Minuten dort zu finden ist, wo es für die Stürmer ganz bestimmt beinhart zugeht.

Die großen nationalen und internationalen Erfolge, die das Team von Bayer 04 Leverkusen vor allem unter Trainer Christoph Daum errungen hat, sehe ich ganz eng mit dem Namen Ulf Kirsten verbunden. Inzwischen entwickelte er sich zu einem Spieler, der jeder Mannschaft in der Bundesliga gut zu Gesicht stehen würde. Für das WM-Turnier in Frankreich, was sicherlich für den 32jährigen die letzte WM-Teilnahme bedeuten wird, wünsche ich ihm ganz besonders, daß er letztendlich auch die internationale Anerkennung bekommt, die ihm zusteht.

Ich selbst würde mich darüber freuen, wenn ich in Frankreich auf der Tribüne sitze, Ulf Kirsten seine Tore macht und Deutschland dadurch Weltmeister wird.

Franz Beckenbauer

Ich sehe in Ulf meinen legitimen Nachfolger

Zu Ulfs Stärken gehört jenes „Näschen“, was ihn für die Strafraumszenen unberechenbar macht.

Eigentlich sehe ich es wie viele andere Experten auch: Ulf Kirsten dürfte wohl derjenige Stürmer sein, der meiner Spielweise am nahesten kommt. Sicherlich ähneln wir uns auch schon rein äußerlich von der Statur her: kräftige Oberschenkel, ausgeprägte Muskulatur und nicht sehr groß gewachsen. Dafür können wir aber kurze, schnelle Bewegungen ausüben, durch die entscheidende Zentimeter Vorsprung gegen die Abwehrspieler gewonnen werden. Somit trifft es also zu, daß Ulf Kirsten mein legitimer Nachfolger in den 90er Jahren ist. Beide spielen und spielten wir nicht sehr elegant, dafür aber sehr effektiv.

Auch zu Ulfs Stärken gehört jenes „Näschen“, was ihn für die Strafraumszenen unberechenbar macht. Ein derartiger Torinstinkt ist nicht erlernbar, er muß angeboren sein. Ebenso die Fähigkeit, mit rechts und links gleichstark schießen zu können. Zu seinen ausgeprägten Fähigkeiten zählt ganz bestimmt auch sein Kopfballspiel. Und ich erkenne noch eine Parallele: Die richtigen Torjäger erzielen meist das wichtige 1:0 oder 2:1, so war es bei mir auch meistens der Fall. Und dann passiert es eben auch, daß sie einmal bei einem 3:0-Erfolg alle drei Treffer selbst gemacht haben.

Was Ulf Kirsten noch fehlt, ist sicherlich der große internationale Durchbruch - aber das kann er ja bei der WM in Frankreich noch nachholen. Aus meiner Zeit weiß ich aber, wie schwer es ist, in internationalen Vergleichen auf hohem Niveau zu bestehen. Die Mannschaften spielen mit noch mehr taktischer Disziplin und machen besonders für die Stürmer die Spielräume noch knapper. In Deutschland, da gibt es keinen Zweifel, gehört Ulf Kirsten zu den ganz Großen.

Gerd Müller

Gerd Müller in seiner unnachahmlichen Art

adidas
lka-Seltzer
Action
und Satisfaction
bei Bayer 04
Rückrundenstart
am 10. Feb. 1996
Kartenvorverkauf
Tel.: 0214-61299
Bayer
Leverkusen
INS STADION GEHEN UND BAYER SEHEN

City-Light-Poster
mit Ulf Kirsten

Mit dem Leder zum Leitbild

Profi-Sport ist heute großes Geschäft

Sport ist immer noch die herrlichste Nebensache der Welt. Überall auf der Welt. Wann aber beginnt das große Spiel? Wo fängt sich das Rad an zu drehen?
Der Motor heißt Werbung. Werbung für Produkte, Unternehmen, Institutionen.
Irgendwann hat die Werbewirtschaft den Sport für sich entdeckt, um ihre Botschaften und Marken an die Zielgruppen zu bringen.
Es war zwar ein Verkaufen über Umwege, aber äußerst erfolgreich. Und fängt ganz harmlos im Amateurbereich an: kleine Spenden, ein Satz Trikots für die Kleinen. Trainingsanzüge für die Spiele in der nächsthöheren Klasse, die Ausrichtung eines Sportfestes - alles noch recht überschaubar. Es hilft den Vereinen, die Kosten zu decken.

Und daran müssen alle Vereine denken. Von Spielklasse zu Spielklasse wächst der Apparat; und der Unterhalt des Kaders auch. Mit der Leistung wächst der Wert. Auf einmal bestimmen nicht nur der sportliche Wert sondern auch der Marktwert.

Daran müssen alle Vereine denken. Von Spielklasse zu Spielklasse wächst der Apparat; und der Unterhalt des Kaders auch. Mit der Leistung wächst der Wert. Auf einmal bestimmen nicht nur der sportliche Wert, sondern auch der Marktwert, und damit der Werbewert die Überlegungen.

Und dann überspringt ein junger Spieler, der sich durchgesetzt hat, die Linie zwischen Amateur und Profilager. Jetzt ist das große Geschäft im Spiel. Denn früher, in den Jugendklassen, gab es nur wenige Zuschauer - die Familienangehörigen. In jeder höheren Klasse wurden es mehr. Und ist die höchste Klasse geschafft, ist es das Millionenpublikum.

Hier zeigt sich ein Grundgesetz der Werbung: es geht um die große Zahl, seien es

Träumen vom Idol.

die Zuschauer im Stadion, im Fernsehen oder die Leser von Zeitungen. Je höher die Zahlen, umso erfolgreicher die Werbung. Hier entsteht also ein gewaltiger Nutzen, der sich in Abverkäufen, Marktanteilen, Imagefaktoren und Wettbewerbsvorteilen niederschlägt. Es ist nur recht und billig, daß dafür bezahlt wid! Soviel wie es kostet! So verdienen dann die Vereine, die Spieler das, was sie verdienen (meist) zu Recht. Denn ihre Leistungen, ihre Erfolge, ihr Image promoten ja auch die Produkte und Unternehmen, die sich ihrer bedienen.

Ulf Kirsten: Mit Leistung zum Erfolg

Als einer von Millionen Kindern, die begeistert bei den ganz Kleinen und später schon etwas geordneter in den Jugendmannschaften Fußball spielen, hat der kleine Ulf sicher nicht geahnt, welche Karriere noch vorihm lag. Die Vereinigung war noch weit weg, aber auch im Osten galt es, sich durchzusetzen, seinen Stil zu finden, herauszuragen.

Sicher hat sich für ihn schon ein Traum erfüllt, im damalig führenden Verein Dynamo Dresden Anerkennung zu finden und vor

Sparkasse Leverkusen - Partner des Sports

Als Leverkusener Kreditinstitut stellt die Sparkasse ihren Kunden nicht nur umfassende Gelddienstleistungen zur Verfügung, sondern engagiert sich auch im gesellschaftlichen und sozialen Umfeld Leverkusens. Dazu gehört insbesondere das traditionelle Engagement im Bereich des Sports, mit dem sich die Sparkasse Leverkusen über die Grenzen der Stadt hinaus einen Namen gemacht hat.

Dieses traditionelle Engagement der Sparkasse in der „Sport-Stadt“ Leverkusen ist natürlich untrennbar mit dem TSV Bayer 04 Leverkusen verbunden. So ist die Sparkasse und der Verein durch eine jahrelange Zusammenarbeit eng verbunden. Dies gilt für den Breiten- und Leistungssport, wie vor allem auch für den Behindertensport gleichermaßen.

Was die Unterstützung des Behindertensports anbelangt, so zeigt die Sparkasse Leverkusen besonderen Einsatz. Seit Herbst 1993 ist die Sparkasse offizieller Sponsor der Herren-Volleyball-Nationalmannschaft der Behinderten. Dieses hervorragenden Sportler sind mittlerweile das Aushängeschild des Behindertensports. Sie haben bereits mehrere Europa- und Weltmeisterschaften gewonnen und dreimal die Goldmedaille bei den Paralympics. Die Mannschaft hat ihr Leistungszentrum hier in Leverkusen. Mit Hilfe der Sparkasse sind optimale Trainingsmöglichkeiten möglich. Denn ohne Sponsoren ist Leistungssport nicht mehr möglich, das gilt besonders für den Behindertensport.

Klaus Wolf Vorsitzender DOG und Moderator Klaus Schwarze überreichen Danny Ecker im Rahmen des Olympiaballs einen Scheck zur Unterstützung seines sportlichen Werdegangs.

Der sich über die Jahre äußerst intensiv entwickelnde Kontakt der Sparkasse zum Deutschen Behindertensportverband - das sei an dieser Stelle auch ausdrücklich erwähnt - ist natürlich nicht von ungefähr gekommen. Nicht zuletzt hat die enge Verbundenheit zwischen dem Vorstandsvorsitzenden der Sparkasse, Klaus Wolf, und dem Präsidenten des Behindertensportverbandes, Theodor Zühlsdorf, maßgeblich dazu beigetragen, Wolf und Zühlsdorf, die Mentoren des Behindertensports, haben durch ihr unermüdliches Engagement wesentliche Anstöße gegeben, um dem Behindertensport einen neuen Stellenwert in der Öffentlichkeit zu verleihen. Die Arbeit der beiden gilt als bundesweit anerkannt.
Überhaupt nimmt die Person Klaus Wolf einen besonderen Stellenwert ein, wenn es um die Zusammenarbeit zwischen Sparkasse und dem TSV Bayer 04 geht. Das liegt letztendlich daran, daß „Sportfanatiker“ Wolf über seinen Vorsitz der Deutschen Olympischen Gesellschaft (DOG) Köln/Bonn/Leverkusen und seinen jahrelang ausgeübten Schatzmeisterposten beim Zweitligisten Fortuna Köln natürlich intensive Kontakte zum TSV, und hier insbesondere zur Fußballabteilung, hegt.

Vor dem Hintergrund sind auch die wesentlichen „highlights“ der letzten Jahre zwischen Sparkasse und dem TSV zustande gekommen. Hier sei etwa beispielhaft das sportliche Großereignis 1994 anläßlich des 150jährigen Jubiläums der Sparkasse erwähnt. Auf dem Programm stand das Freundschaftsspiel zwischen dem FC Barcelona und Bayer 04 Leverkusen, ein Fußball-Leckerbissen im vollbesetzten Ulrich-Haberland-Stadion, gesponsert von der Sparkasse.

Doch die enge Zusammenarbeit beschränkt sich nicht nur auf rein sportliche „events“. So geben der Verein und das hiesige Geldinstitut seit 1994 eine gemeinsame Kreditkarte, die TSV Bayer 04 VISA-CARD, heraus. Die Karte ist speziell für TSV-Mitglieder konzipiert und beinhaltet ein speziell für diese Zielgruppe abgestelltes Leistungsspektrum. Ein weiterer essentieller Meilenstein in der intensiven Kooperation zwischen beiden Partnern.

Partnerschaft bedeutet gegenseitiges Vertrauen und Zuverlässigkeit. So ist es für die Sparkasse selbstverständlich gewesen, nach dem Umbau des Ulrich-Haberland-Stadions das neue Logen-Konzept im Sinne von konsequenter Kundenbetreuung mitzutragen. Die Sparkasse war auch hier eine der ersten Sponsoren, die eine entsprechende Loge angemietet hat und seitdem für intensive Kundenkontakte nutzt.

Die Reihe weiterer Berührungspunkte zwischen Sparkasse und dem TSV ließe sich beliebig fortsetzen und ist letztendlich auch immer geprägt von einzelnen herausragenden Sportlerpersönlichkeiten. Ulf Kirsten, dem dieses Buch gewidmet ist, ist mit Sicherheit einer davon. Er hat in Leverkusen in den letzten Jahren aufgrund seiner sportlichen Leistungen Vorbildfunktion für die hiesige Jugend übernommen. Wann immer sich die „kids“ im Verein oder privat zum Fußball treffen, Ulf Kirsten, der Torjäger der 90er Jahre, ist das Idol, dem die Kinder und Jugendlichen nacheifern. Ulf Kirsten steht mit seiner gesamten Persönlichkeit und positiven Ausstrahlung für Fairness, Einsatz und Initiative. Diese Attribute sind um so wichtiger in einer doch so schwierigen Zeit wie heute, wo vielerorts Orientierungslosigkeit herrscht. Die Sparkasse möchte Ulf Kirsten für diesen wichtigen Beitrag danken und ihn gleichzeitig motivieren, in seiner bestimmt nicht immer einfachen Rolle des Vorbilds und Idols für die Leverkusener Jugendlichen nicht nachzulassen.

allem zwei Meisterschaften und Pokalsiege mitzugewinnen. Seine Qualitäten suchte Bayer 04 Leverkusen: Einen kämpferischen, entschlossenen, sich nicht schonenden Mittelstürmer, einen sicheren Torschützen.

Auch bei Bayer 04 Leverkusen stellten sich mit Ulf Kirsten die Erfolge ein.

Ulf Kirsten wurde Torschützenkönig und Starspieler. Gleichzeitig war der Verein erfolgreich - kein Wunder, daß sich die Imagekurven beider fast gleichmäßig entwickelten.

Was sind die bestimmenden Faktoren für ein Image?

Für den Verein ist es die kontinuierliche, starke Identifikation, die sich in Zuschauerresonanz und Öffentlichkeit niederschlägt. Identifikation wiederum speist sich aus Erfolg, Unterhaltung, Emotion und Faszination.

Für den Spieler ist es sein Anteil am Erfolg des Vereins, für die Fans und die Anhänger ist er ein Held: ihr Held.

Das bedeutet, daß für sein Image auch die Art und Weise eine Rolle spielt, wie er seine Leistung bringt. Aber noch ein Faktor spielt eine wichtige Rolle: die Präsenz. Obwohl die Mannschaft der Star sein soll, ist sie doch ein Kollektiv. Die Menschen brauchen aber Helden. Deshalb wird die Berichterstattung eine, zwei hervorheben. Davon profitiert der Verein, davon profitiert der Spieler, davon profitiert Ulf Kirsten.

Ulf Kirsten und sein Umfeld

Ulf Kirsten ist ohne Zweifel eine Führungspersönlichkeit.

Eine reife Leistung. Denn gerade Mittelstürmer, die ständig den Druck aushalten müssen, an ihren Toren gemessen zu werden, sind eher die einsamen Wölfe. Nichts soll sie von ihrer Gefährlichkeit, ihrer Härte, ihrer Durchschlagskraft ablenken.

Vielleicht ist es eine Auswirkung des Alters, des Reifens: dem Star - in his own right - wachsen jetzt auch Führungsanforderungen zu. In seinem Drang zum Erfolg hat es Ulf Kirsten gelernt, sein Team mitzureißen, nach vorne zu treiben. Dorthin, wo er seine Tore schießen kann.

Damit hat er eine Entwicklungsstufe erreicht, die ihn als Person, als Leitbild für die Werbung interessant macht. Denn Werbung lebt von Leitbildern.

Ulf Kirsten - Gewinn für den Verein

Nicht nur die Tore sind wertvoll für den Verein - also die auf dem Platz erbrachte Leistung. Fast genauso wichtig ist das, was durch die Medienpräsenz des Stars, Persönlichkeit und seine Bindungsfähigkeit bei den Zuschauern dem Verein zuwächst. Die Attraktivität steigt, die Aktualität ebenso. Vor allem ermöglicht es Ulf Kirsten als Star durch die Identifikation mit ihm, eine emotionale Bindung auch zum Verein herzustellen. Alles dreht sich um Gefühle, Emotionen. Ohne Gefühle, wie Glück, Begeisterung - ja auch Niedergeschlagenheit - kein Rückhalt bei den Menschen (und Empfänger einer Botschaft).

Die Fans und ihr Held

Ein Torjäger kann die Anhänger in den Himmel schießen, wenn er trifft. Und es ist die Hölle, wenn er es nicht tut. Und trotzdem glauben sie an ihn. Für seine Fähigkeit, diese Gefühle auch in der Zukunft

Ulf Kirsten wurde Torschützenkönig und Starspieler. Gleichzeitig war der Verein erfolgreich - kein Wunder, daß sich die Image-Kurven beider fast gleichmäßig entwickelten.

auszulösen. Für seinen Einsatz und dieses ständige Bemühen danken sie Ulf Kirsten mit ihrer Liebe und ihrer Begeisterung.

Aber noch etwas leistet der Star für seine Anhänger: sein Rackern und Rennen spiegelt das Rackern und Rennen der Zuschauer, der Kampf auf dem Feld, den Kampf im Leben wider. Hier ist jemand, der nicht aufgibt und zeigt, daß es sich lohnt, nicht aufzugeben, sondern am Ball zu bleiben.

„Ulf Kirsten ist Projektionsfläche für die Fans. In seinen Aktionen, in seinem Auftritt spiegeln sich die Werte seiner Fans“, Jörg Tacke Etatdirektor, K&S, Köln.

Idole sagen sehr viel über das Selbstverständnis ihrer Bewunderer aus.

„Seht her, ich bewundere Ulf Kirsten, ja so bin ich auch (wenigstens ein bißchen).“

Es ist dieser Mechanismus der Vorbilder, der sie für die Wirtschaft so interessant macht. Und deshalb ist auch das Imageprofil von Ulf Kirsten interessant, weil seine Persönlichkeit und sein Image einen hohen Deckungsgrad aufweisen. Weshalb in dieser Phase ein Mann wie Ulf Kirsten optimale Vermarktungs-potentiale hat.

Ulf Kirsten - ein Imageprofil

„Ulf Kirsten spricht durchaus alle Ebenen der Gesellschaft an, Männer wie Frauen, die sich über ehrliche Leistung definieren, niemals aufgeben.“
Friedel Schüngel, Geschäftsführer, K&S Werbeagentur, Köln.

Einen Faktor haben wir bisher noch nicht angesprochen: die Nationalmannschaft. Gerade durch Länderspiele mit der hohen Mobilisierung nationaler Emotion steigen

Gerade durch Länderspiele mit der hohen Mobilisierung nationaler Emotion steigen die Werte für Präsenz. Die Tatsache, daß Ulf Kirsten in einem entscheidenden Spiel drei Tore geschossen hat (Albanien), hat seine Bekanntheit enorm erhöht.

die Werte für Präsenz. Die Tatsache, daß Ulf Kirsten in einem entscheidenden Spiel drei Tore geschossen hat (Albanien), hat seine Bekanntheit enorm erhöht und damit auch sein Image verbessert. Wer im Nationalteam kickt, ist einer der Besten, weil dort nur Leistung zählt und der Erfolg. Und man ist weltweit präsent.

Ulf Kirsten hat es geschafft, er wird geschätzt, weil er eine Persönlichkeit ist und ein Hoffnungsträger für viele Menschen.

Seine Werte auf einer Skala bis 10.

1. Bekanntheit, 2. Sympathie, 3. Erfolgreich, 4. Glaubwürdig, 5. Finanzfreudig, 6. Bodenständig/ehrlich, 7. Echter Typ/Kämpfer, 8. Dynamisch/präsent, 9. Vertrauenswürdig 10. Weiß, was er will

winter wie sommer
An mein Kinn
laß' ich nur Panasonic!
Panasonic
LINEAR POWER
12.000
Schwingungen
pro Minute
der schnellste und
gründlichste
Panasonic Rasierer,
den es je gab
Ulf Kirsten
Torschützenkönig
Saison 96/97
und 97/98
adidas
DEUTSCHER FUSSBALL-BUND
Wet/Dry
0·charge
100
80
60
40
20
charge
status
Panasonic
Panasonic ist
offizieller Ausrüster der
Deutschen Fußball-
Nationalmannschaft
und des Deutschen
Fußball-Bundes
Panasonic
Panasonic Deutschland GmbH · Winsbergring 15 · 22525 Hamburg
Tel. 040/8549-0 · Fax 040/8549-2500 · www.panasonic.de

Hier wird eine sehr lebendige, kraftvolle Person beschrieben, die bereits viel geleistet und hart dafür gearbeitet hat. Die Werte sind von Respekt und Bewunderung geprägt, ohne Neid und Mißgunst.
Bündeln wir nun alle diese Werte, entsteht ein Image als vermarktungsfähiger Werbewert. Wobei Ulf Kirsten noch einen anderen unschätzbaren Vorteil aufweist: er ist noch nicht selbst zur Marke, zum Produkt geworden. Noch ist die Person, der Mann, der Spieler erkennbar.

Das wird auch sichtbar, wenn man fragt, wer oder welches Produkt mit Ulf Kirsten in Verbindung gebracht werden könnte.

Ein deutliches JA erhielten alle Bereiche mit hohem Realitätswert wie z.B. Heim und Haus, Technik, Telekommunikation, Automobile, Gesundheit und Nahrung, Sportartikel, Uhren, Unterhaltungselektronik und andere.
Eher ein NEIN bekamen Nennung in den imaginären Bereichen wie z.B. Mode, Medien, Politik und Kultur usw.

Fazit: Ulf Kirsten hat als Fußballspieler und als Mensch eine Entwicklung erreicht, die ihn zu einer wichtigen Leitfigur in der Mannschaft werden ließ, zu einem wertvollen Botschafter des Vereins. Vor allem zu einem bedeutenden Promoter für die Werbewirtschaft, dank eines sehr facettenreichen, positiven Images.

Ulf Kirsten, der Mythos für die Mannschaft - ernstzunehmender Mythos für Marken.

Der erste Bundesliga-Verein mit einem eigenen TV-Spot. Wegweisend für die gesamt Entwicklung im Fußball.

Ein Beitrag der K & S Werbeagentur GmbH, langjähriger Partner der Bayer AG, Konzernbereich Unternehmenskommunikation, Sportwerbung. Mitglied der Grey-Gruppe.

KIRS

BORKEN - FREUDENTHAL
JSG
- GOMBETH - SINGLIS -
EN

Lieber Ulf,

um ein richtiger Mann zu sein, so jedenfalls erzählte es mir einmal mein Vater, muß man einen Sohn gezeugt, einen Baum gepflanzt und ein Buch geschrieben haben.

Sohn Benjamin ist quicklebendig, das mit dem Baum kann man heutzutage getrost einen Gärtner erledigen lassen, und jetzt gibt es aber auch ein Buch von und über Ulf Kirsten. In den Augen meines Vaters wärst Du folglich jetzt ein richtiger Mann. Da ich überwiegend ein folgsamer Sohn war, schließe ich mich der Meinung meines leider viel zu früh verstorbenen Vaters an. Aus anderen Gründen allerdings. Denn wenn ich mich so an unser erstes zufälliges Treffen im Reha-Zentrum von Klaus Eder in Donaustauf erinnere - ganz ehrlich - da erlebte ich einen eher schüchternen jungen Mann, der so gar nicht ins Bild des abgezockten Profifußballers paßte. Sicher war es auch die neue Welt des Westens so kurz nach der Wende, die den in der ehemaligen DDR immerhin zum „Fußballer des Jahres 1990" gewählten Stürmerstar mir vorsichtig, ja unsicher erscheinen ließ. Auch in den folgenden Jahren führte die sportliche Berg- und Talfahrt nicht gerade dazu, daß aus Dir ein strahlender Held in der Show- und Medienbranche Fußball wurde. Dieses Geschäft verstanden andere besser.

Welche Tiefschläge Dich jedoch auch immer trafen - kein Einsatz bei der verkorksten WM 94 in den USA, Dauerkrach mit Stepi in Leverkusen, Verletzungen oder die Nichtberücksichtigung für die EM 96 in England - Du hast nicht aufgegeben. Du hast gekämpft und sprichwörtlich in den Teppich gebissen. So hast Du auch manchmal ausgesehen! Richtig lachen hören habe ich Dich erst wieder, seit Christoph Daum in Leverkusen als Trainer arbeitet und weiß, wie er mit Dir umzugehen hat.

Alle vier Heimspiele von Bayer 04 in der Champions-League habe ich hautnah am Spielfeldrand hinter dem Tor der Gegner miterlebt. Spätestens seitdem weiß ich, was der Spruch bedeutet: „Der Kirsten geht dahin, wo es weh tut." Voller Einsatz von der ersten bis zur letzten Minute, nie aufzugeben, kämpfen bis zum Umfallen - das sind die Tugenden, die Dich auszeichnen.

Alle vier Heimspiele von Bayer 04 in der Champions-League habe ich hautnah am Spielfeldrand hinter dem Tor der Gegner miterlebt. Spätestens seitdem weiß ich, was der Spruch bedeutet: „Der Kirsten geht dahin, wo es weh tut."

Vielleicht mußtest Du 32 Jahre alt werden, um auch das öffentliche Lob für diese Einstellung zu ernten. In einer Zeit, in der sich in einigen Stadien Berufskollegen als „Scheiß-Millionäre" beschimpfen lassen müssen, kannst Du ruhig schlafen. Es ist kein Zufall, daß vor einigen Wochen bei einer Umfrage der größten deutschen Sonntagszeitung über 90 Prozent der Leser einen Stammplatz für Dich in der Nationalmannschaft forderten. Fans haben ein feines Gespür für ehrliche Arbeit. Christoph Daum hat Dich mit dem Trick aufgebaut, es immer wieder zu versuchen, wie ein Staubsaugervertreter. Nie locker zu lassen, irgendwann klappt es schon.

Denk immer daran, wenn's ums Toreschießen geht! Denn Staubsauger verkaufen können andere besser, Du gar nicht. Du kannst Fußball spielen! Und vergiß nicht Dein Sternzeichen „Schütze", damit wir noch viele Kirsten-Tore bejubeln können.

Dein Waldemar Hartmann

Ulrich-Haberland-Stadion
TUFFI
Gaffel-Kölsch
adidas
BAUHAUS
Buderus
Bayer
ASPIRIN PLUS C

Bayer 04 Leverkusen
CARGLASS
Coca-Cola
Bayer
Panasonic
www.sport1.de
Bayer
NISSAN

Atmosphäre im Schmuckkästchen der Liga

Vor rund zehn Jahren bot sich dem Autofahrer auf der A1 in Richtung Dortmund kurz vor dem Kreuz Leverkusen ein offener, allerdings wenig erhebender Blick aufs Ulrich-Haberland-Stadion. Im Nord- und Südbereich der Arena klafften große Lücken, wer das Tempo drosselte, konnte bei Heimspielen im Vorbeifahren den Zwischenstand von der Anzeigetafel ablesen.
Heute verhindert nicht nur eine Lärmschutzwand auf diesem Teilstück der A1 die Aussicht, heute präsentiert sich auch das Ulrich-Haberland-Stadion als rundherum geschlossene Einheit.

Mit der Fertigstellung der Südtribüne im Juli 1997 avancierte die Arena zum vielzitierten „Schmuckkästchen" der Liga, das nicht nur fein anzuschauen ist, sondern den gewachsenen Anforderungen der Besucher in nahezu jeder Hinsicht gerecht wird: Familienfreundlicher Service in der Familystreet (Osttribüne), begeisternde Fanblock-Atmosphäre (Nordtribüne) oder exquisites Fußballerlebnis in den komfortabel ausgestatteten Logen (Südtribüne). In Leverkusen kann jeder Bundesligafußball oder internationale Auftritte auf seine Weise genießen.

Die Philosophie, die diesem umfassenden Dienst am Kunden zugrundeliegt, brachte Jürgen von Einem, der Sportbeauftragte der Bayer AG, auf die griffige Formulierung: „Wer heute nur in die Beine der Spieler investiert und nicht in gleichem Maße auch in die Infrastruktur des Stadions, kann auf lange Sicht international nicht auf oberstem Niveau mithalten."
Daß Bayer 04 eben dies kann, hat der Verein unlängst mit seinen Auftritten in der Champions League eindrucksvoll unter Beweis gestellt. Die Mannschaft bot mitreißenden Offensivfußball in einer Atmosphäre, die Christoph Daum zu Recht mit der auf dem Betzenberg in Kaiserslautern verglich. Die Zuschauer haben in der Tat hohen Anteil daran, daß das Ulrich-Haberland-Stadion „eine Festung geworden ist", wie es Daum nennt. 39 Pflichtspiele in Folge blieb Bayer 04 zu Hause "mit der Unterstützung eines phantastischen Publikums" (Daum) unbesiegt. Erst Hertha BSC beendete diese stolze Serie am vorletzten Bundesliga-Spieltag der Saison 1997/1998.

Die großartige Stimmung aber ist nicht nur Reaktion auf fußballerische Topleistungen der Bayer-Mannschaft, sondern auch Folge eines Stadion-Konzeptes, das in der Bundesliga wohl seinesgleichen sucht.
Als die Familystreet 1994 ihre Pforten hinter der Nordtribüne öffnete, beschritt der Verein damit Neuland in der Bundesliga. Würde ein breitgefächertes Unterhaltungsprogramm, das schon zwei Stunden vor Anpfiff beginnt, bei den Kids ankommen? Gab es überhaupt eine entsprechende Nachfrage? Die Erfahrungen, die Vereinsverantwortliche in den USA gesammelt hatten, beseitigten alle Zweifel am Erfolg des Projektes. „Die Amerikaner leben uns das ja wieder einmal vor", befand Fußballabteilungsleiter Kurt Vossen. „Dort ist eine Sportart wie Baseball längst ein mehrstündiger Freizeitspaß für die ganze Familie."
Warum sollte das nicht auch in Deutschland funktionieren! Die Idee, eine Spielmeile für Kinder und Jugendliche einzurichten, wurde ein voller Erfolg. Der zum Familienbereich umgestaltete D-Block war über die gesamte Saison 1994/95 ausverkauft. In der Spielzeit davor lag die Ausla-

Das Umfeld der Osttribüne ist längst nicht mehr bloß an Spieltagen ein "Magnet" für Familien, sondern ein ganzwöchiger Anziehungspunkt für ein breitgefächertes Publikum.

stung noch nicht einmal bei 50 Prozent. Mit den preiswerten Familientickets und dem noch umfangreicher gewordenen Unterhaltungsprogramm in der inzwischen in der Osttribüne beheimateten Familystreet sicherte sich Bayer 04 ein Stammpublikum, das längst nicht mehr nur aus Leverkusen und näherer Umgebung kommt. Zur Maximierung des Fußballerlebnisses trug zusätzlich der Wegfall der Zäune zwischen Spielfeld und Zuschauerrängen in der Osttribüne bei - ein Pilotprojekt in der Bundesliga, das sich in Leverkusen längst bewährt hat.

Mit dem Umzug der Familystreet von der Nord- in die Osttribüne einher ging die Einweihung von Fanshop, Kartenvorverkaufsstelle und McDonald's-Drive-in-Restaurant. Auch mit der Realisierung des im Sommer 1996 fertiggestellten Baus schlüpfte Bayer 04 in eine Vorreiterrolle. Denn für das McDonald's-Unternehmen, das die Gesamtkosten des Projektes übernahm, war es das erste Mal, daß man sich in einem Bundesliga-Stadion engagierte. Damit ist das Umfeld der Osttribüne längst nicht mehr bloß an Spieltagen ein „Magnet" für Familien, sondern ein ganzwöchiger Anziehungspunkt für ein breitgefächertes Publikum. Und Bayer-04-Geschäftsführer Kuno Wack freut sich über einen enormen Schub beim Verkauf von Fanartikeln. „Seit wir unsere Artikel und die des Bayer-04-Ausrüsters adidas in dieser attraktiven Umgebung anbieten, ist der Andrang sehr viel größer als zuvor."

Nur ein Jahr nach diesem innerhalb von wenigen Monaten entstandenden Anbau setzten die Bayer AG als Eigentümerin des Stadions und Bayer 04 einen weiteren Mei-

lenstein auf ihrem Weg, eines der modernsten und vielseitig zu nutzenden Stadien der Bundesliga zu gestalten: Die Südtribüne. Im Juli 1997 feierte man anläßlich des DFB-Ligacup-Finales zwischen Bayern München und dem VfB Stuttgart die offizielle Einweihung dieses Prunkstückes, das sich harmonisch in die bestehende Architektur einfügt. Rund 1400 Zuschauer können von dieser Tribüne aus die Spiele der Bayer-Mannschaft verfolgen. 1.100 von vorgelagerten Sitzplätzen, 140 aus den zehn Firmenlogen und 150 aus dem BayArena-Restaurant, das täglich hohe kulinarische Ansprüche befriedigt und bei besonderen Anlässen auch schon einmal ausgezeichnete Köche einfliegen läßt. So verwöhnte hier vor den Champions-League-Spielen gegen AS Monaco und Real Madrid Sternekoch Rolf Schmidt vom Palace-Hotel in Berlin die Gaumen der Gäste.

Gelungene Kombination Bayer 04 Fan-Shop und Mc-Donald unter einem Dach

Ortsbesichtigung: Harry Hartel, Achim Bellmann (beide Bayer-Sportwerbung), Kurt Vossen, Jürgen von Einem und Hans-Joachim Dannenberg

Sitzkomfort: Logenplätze in der BayArena

Von den Einnahmen, die die Südtribüne abwirft, profitieren im übrigen alle Stadion-Besucher. „Wir subventionieren mit dem hier erwirtschafteten Geld auch die Jahreskarten", sagt Bayer-04-Manager Reiner Calmund. Darüber hinaus investierte der Verein kräftig in die Verbesserung der Serviceleistungen in der Umgriffebene der Arena. So wurden in allen Tribünen Monitore angebracht, auf denen das Panarena-TV-Programm verfolgt werden kann. Zudem sind die Catering-Stände komfortabler ausgestattet worden.

Die über dem Restaurant liegenden Logen bieten Unternehmen nicht nur die Chance, ihren Kunden, Geschäftspartnern und Mitarbeitern Fußballspiele stilvoll zu präsentieren, sondern können dank der Ausstattung (jede der zehn Parzellen verfügt über Computer, Faxgerät, Konferenztisch, Telefon, Einbauküche, Naßzelle) auch als Kommunikations- und Geschäftsraum genutzt werden.

Nach Fertigstellung der Südtribüne nahm Bayer 04 die Umgestaltung der alten Geschäftsstellenräume in der Westtribüne in Angriff. Hier sind nun Konferenz- und Seminarräume entstanden, die das Ulrich-Haberland-Stadion im Zusammenhang mit dem im Frühjahr 1999 bezugsfertigen Lindner-Hotel in der Nordtribüne auch zu einem Business-Center machen.. Der Hotel-Bau, der unmittelbar nach dem letzten

Bayer-04-Geschäftsführer Kuno Wack .

Das BayArena Hotel verfügt über 120 Betten auf sechs Etagen, ein 800 Quadratmeter großes Atrium und acht Seminarräume mit Blick aufs Spielfeld, die an Spieltagen zu Logen umfunktioniert werden können.

Eröffnung BayArena-Restaurant: Bayer Sportchef Jürgen von Einem, Axel Fischer und Prof. Harald Richter.

Das ist ein Prost wert: Dr. Birgit von Einem, Prof. Dr. Rudolf Casper mit Ehefrau Rotraud.

Panasonic
AGFA
ORDNER

Volles Ulrich-Haberland-Stadion: Feier auf dem Rasen mit den Fans nach der Vizemeisterschaft 1997.

Heimspiel der abgelaufenen Saison begann, wird den Stadion-Ausbau vorläufig abschließen. Das Hotel verfügt über 120 Betten auf sechs Etagen, ein 800 Quadratmeter großes Atrium und acht Seminarräume mit Blick aufs Spielfeld, die an Spieltagen zu Logen umfunktioniert werden können. Das BayArena-Hotel bietet seinen Gästen alle erdenklichen Multimedialeistungen, so das Versprechen von Otto Lindner jun., Vorstand der Lindner Hotels AG. Bei den Leistungen sei ferner an sogenannte „Packages" gedacht, etwa an eine Kombination „Übernachtung plus Eintrittskarte".

Neben all diesen sichtbaren baulichen Maßnahmen arbeiten die Bayer AG und Bayer 04 längst auch schon an der medialen Ausrüstung des Stadions für die Zukunft. Drei videotaugliche Informationstafeln sind bereits in Betrieb. Ein eigenes PANARENA-TV-Programm gehört ebenso seit einiger Zeit zum Standard im Haberland-Stadion. Den Zuschauern werden auf diese Weise alle wissenswerten Informationen präsentiert.
Doch schon zu Beginn des nächsten Jahrtausends könnte der Verein mediennisch in eine ganz neue Sphäre vorstoßen: Dreidimensionale Übertragungen von Spielen. Virtual Reality mittels Holographie – das sei bald nur noch eine Frage der Finanzierung, nicht aber mehr eine der Technik, ist Christian Sommer, beim Bayer-04-Partner Panasonic zuständig für Unternehmenswerbung und PR, überzeugt. Bestätigt werden Sommers Visionen von Thomas Schlüter, einem Redakteur bei Focus TV, der unlängst für eine Reportage die mediale Grundausstattung des Ulrich-Haberland-Stadions unter die Lupe nahm. „In Leverkusen sind die Grundlagen für völlig neue Möglichkeiten der Fußballübertragung geschaffen worden", stellte Schlüter fest. Beeindruckt war er u.a. von der Bildregie, dem „technischen Herz" des Stadions. „Dieses Studio ist aufgrund seiner technischen Ausrüstung Teil eines weltweiten Datennetzes. Damit hat man nicht nur Zugriff auf alle für das Fußballpublikum relevanten Informationen, sondern hier können diese Informationen auch attraktiv aufbereitet und virtuell umgesetzt werden."

Nun, zunächst einmal findet das Fußballgeschehen in Leverkusen noch ausschließlich live und wahrhaftig auf dem grünen Rasen statt. Und im Zuge der Rundum-Modernisierung der Arena wird Bayer 04 dank einer installierten Rasenheizung ab der Saison 1998/99 auch im Winter auf einem makellosen grünen Boden spielen können. Vermutlich vor stets ausverkauften Rängen. Denn die Fangemeinde des Vereins ist in den vergangenen Jahren enorm gewachsen - nach einer Marktforschungsanalyse der Ufa verzeichnet Bayer 04 seit 1994 einen 15fachen Fan-Zuwachs. Was zweifellos im sportlichen Erfolg begründet liegt. Freilich ist es aber auch kein Zufall, daß 1994 mit der Einrichtung der Familystreet die rasante Entwicklung der Stadion-Modernisierung begann. „Wichtig is auf'm Platz", sagte einst Adi Preißler. Für den Profi gilt diese Fußballer-"Weisheit" gewiß heute noch. Für den zahlenden Kunden darf's allerdings schon ein bißchen mehr sein.

Bagger rollen an: Das Haberland-Stadion bekommt eine Rasen-Heizung

Architektonisch gelungen: Außenansicht der 1997 fertiggestellten Südtribüne.

895 Nachwuchskicker,
23 Bundesligaprofis, einmal Bayer
adidas
ASPIRIN
BAYER
SV
Die Fußballer Patrick Manegold und Ulf Kirsten verbindet nicht nur die Liebe zu ihrem Sport. Beide stürmen auch in Bayer-Sportvereinen: Patrick in der E-Jugend des SV Bayer Wuppertal, Ulf Kirsten bei den Profis von Bayer 04 Leverkusen.
Zwei Sportler, die stellvertretend für die Vielfalt des von Bayer geförderten Sports stehen. In 31 Bayer-Sportvereinen gehen über 45.000 Mitglieder ihrer sportlichen Betätigung nach, sei es im Breiten-, Behinderten- oder im Spitzensport. Was 1904 aus dem Wunsch von Bayer-Mit-arbeitern nach einer sinnvollen Freizeitbeschäftigung entstand, entwickelte sich zu einer der größten Sportinitiativen unserer Zeit, die bis heute richtungweisend geblieben ist.
Die Förderung des Sports verstehen wir als soziale Aufgabe. Sie ist fester Bestandteil unserer Unternehmensphilosophie und wird uns auch zukünftig ein besonderes Anliegen sein.
Bayer
So sportlich ist keiner
Ulf Kirsten, Bundesliga-Fußballer
Patrick Manegold, E-Jugend-Fußballer
www.bayer.com/sport

Ulf Kirsten in Zahlen

Bundesligaspiele Saison		Tore	Verein
90/91	32	11	Bayer 04 Leverkusen
91/92	23	12	Bayer 04 Leverkusen
92/93	33	20	Bayer 04 Leverkusen
93/94	28	12	Bayer 04 Leverkusen
94/95	27	15	Bayer 04 Leverkusen
95/96	29	8	Bayer 04 Leverkusen
96/97	29	22	Bayer 04 Leverkusen
97/98	27	22	Bayer 04 Leverkusen

Bilanz DDR-Oberliga: 154 Spiele - 57 Tore für Dynamo Dresden (83-90)

Europapokaleinsätze:

Landesmeister:	7 Spiele/4 Tore für Leverkusen
	1 Spiel/kein Tor für Dresden
Pokalsieger:	4 Spiele/5 Tore für Leverkusen
	12 Spiele/3 Tore für Dresden
Uefacup:	14 Spiele/12 Tore für Leverkusen
	8 Spiele/5Tore für Dresden

Länderspielbilanz in der DDR: 49 Spiele/14 Tore
1. Spiel: Mai 1985 gegen Dänemark in Kopenhagen 1:4
U21: 9 Spiele/4 Tore
Jugend: 29 Spiele/9 Tore

A-Länderspiele für den Deutschen Fußball-Bund (DFB):

1.	14.10.1992	gegen Mexiko in Dresden 1:1
2.	18.11.1992	gegen Österreich in Nürnberg 0:0
3.	20.12.1992	gegen Uruguay in Montevideo 4:1
4.	14.4.1992	gegen Ghana in Bochum 6: (ein Tor)
5.	22.9.1993	gegen Tunesien in Tunis 1:1
6.	13.10.1993	gegen Uruguay in Karlsruhe 5:0 (ein Tor)
7.	17.11.1993	gegen Brasilien in Köln 2:1
8.	15.12.1993	gegen Argentinien in Miami 1:2
9.	22.12.1993	gegen Mexico in Mexiko City 0:0
10.	27.4.1994	gegen Ver.Arab. Emirate in Abu Dhabi 2:0 (ein Tor)
11.	16.11.1994	gegen Albanien in Tirana 2:1 (ein Tor)
12.	14.12.1994	gegen Moldawien in Chisinau 2:1 (ein Tor)
13.	18.12.1994	gegen Albanien in Kaiserslautern 2:1
14.	22.2.1995	gegen Spanien in Jerez 0:0
15.	7.6.1995	gegen Bulgarien in Sofia 2:3
16.	21.6.1995	gegen Italien in Zürich 2:0
17.	6.9.1995	gegen Georgien in Nürnberg 4:1 (ein Tor)
18.	14.12.1996	gegen Portugal in Lissabon 0:0
19.	26.2.1997	gegen Israel in Tel Aviv 1:0
20.	2.4.1997	gegen Albanien in Granada 3:2 (drei Tore)
21.	7.6.1997	gegen Ukraine in Kiew 0:0
22.	20.8.1997	gegen Nordirland in Belfast 3:1
23.	6.9.1997	gegen Portugal in Berlin 1:1 (ein Tor)
24.	10.9.1997	gegen Armenien in Dortmund 4:0 (ein Tor)
25.	15.11.1997	gegen Südafrika in Düsseldorf 3:0
26.	18.2.1998	gegen Oman in Maskat 2:0
27.	22.2.1998	gegen Saudi-Arabien in Riad 3:0
28.	25.3.1998	gegen Brasilien in Stuttgart 1:1 (ein Tor)

Zur Person

Geburtsdatum: 4.12.1965
Geburtsort: Riesa
Größe: 1,75 Meter
Gewicht: 79 kg
Familienstand: verheiratet
Ehefrau: Diana
Kinder: Benjamin (10), Jennifer (6)
Erlernter Beruf: Maschinenanlagen-Monteur
Vereine: Chemie Riesa (1972 - 1978)
Stahl Riesa (1978 -1979)
Dynamo Dresden (1979 - 1990)
Bayer 04 Leverkusen (seit 1990)

Erfolge:
zweimal DDR-Meister (1989 und 1990)
zweimal DDR-Pokalsieger (1985 und 1990)
DDR-Fußballer des Jahres 1990
DFB-Pokalsieger 1993
Bundesliga-Torschützenkönig, 1993, 1997, 1998
WM-Teilnehmer 1994, 1998
Champions League-Teilnehmer 1997/98

Von Zwillingen umrahmt: Ulf mit seinen Schwestern Anke und Maren.

2 1/2 Jahre alt.

Kinderfest im Kindergarten.

Ulf, 7 Jahre mit seinem Hund Enno.

Die drei Kirsten-Kinder im Teenageralter.

Urlaub, Binz an der Ostsee.

Im Kindergarten mit 5 Jahren.

Ulf's Schulanfang mit seinen Eltern und den Schwestern.

Bei der Jugendweihe 1979.

Hochzeitsfoto mit der gesamten Familie.

Das Brautpaar Kirsten.

Beim Sonnenbaden
mit Vater.

Kick mit Papa.

Mit Vater und Reiner
Calmund beim
30. Geburtstag.

Garten-Idylle mit
Mutter Rosmarie und
Schwester Maren.

Einschulung
von Benjamin.

Ulfs Familie

Kirstens mit Lieblingsgetränk Radeberger.

Meisterfeier in Dresden 1990.

Urlaubsstimmung auf Gran Canaria.

Spiel mit den Delphinen auf Teneriffa 1991.

Ein stolzer Kapitän.

Ein Herz und eine Seele.

Besuch im Phantasialand.

Ulfs Familie

Für das neue Haus: Alle Kirstens im Einsatz.

Jäger und Sammler: Mitten in der Trikot-Sammlung und beim Fischen im Trüben.

Ulfs Familie

Beim Blättern im Tagebuch, Benny und Jenny.

Ulf mit Klein-Benny.

Stolze Mama Diana mit den Kinder am Leverkusener Brunnen.

Damit auch wirklich nichts passiert: Jenny mit Sturzhelm.

Strahlender Papa.

Endlich: Der Stammhalter ist da.

Die Kirstens auf Gran Canaria

Das Familien-Quartett.

adidas

Treffpunkt

Im Freundeskreis an der Theke im „La Terrazza“ in Leverkusen.

Dr. Rolf Stankewitz, der Berater.

Vor der Golden-Gate-Bridge mit Paulo Sergio und Rudi Völler.

Kostümiert: Wörns, Kirsten und Neuendorf.

In der eigenen Fußballschule in Dresden mit Ralf Minge und Benny.

Kostümfest im Hause Kirsten.

Ein Prosit auf das Neue Jahr: Ulf, Gennaro, Michael und Friedel.

Langjährige Weggefährten und Freunde: Ulf mit Heiko Scholz.

Hardrock Cafe in Los Angeles: Ulf, Diana, Sabrina und Rudi Völler.

Pokalgewinn 1993.

Ralf und Connie Minge gratulieren.

Beim Interview-Termin mit Ulrich Dost für das DFB-Journal.

Ulf im Kreis einer der ersten Leverkusener Fangruppen.

Schlagwörter:
und was Ulf dazu spontan einfällt:

Vater: in gewisser Weise mein Vorbild
Mutter: Geborgenheit
Schwestern: gute Zankpartner - als Kinder
Vogts: guter Trainer der Nationalmannschaft
Calmund: fairer Verhandlungspartner
Dr. Stankewitz: Anwalt, Vertrauensperson
Geld: macht sicher, aber nicht glücklich
Kinder: das Schönste auf der Welt
Linke: Ausrutscher, aus dem ich gelernt habe
Völler: Persönlichkeit
Daum: genialer Trainer

Superlative:

Mein bestes Spiel: 1997 gegen Bayern München (4:2) - drei Tore
Mein schönstes Tor: jedes Tor ist auf seine eigene Art schön
Mein größter Fehler: habe bislang keine wirklichen Fehler gemacht
Mein glücklichster Moment: Geburt meiner Kinder
Mein stärkster Mitspieler: Thom, Wörns
Mein wichtigster Trainer: jeder hat mir etwas beigebracht
Mein größter Wunsch: deutscher Meister, Weltmeister
Mein größtes Geheimnis: bleibt mein Geheimnis, sonst ist es keins mehr
Die ärgerlichste Fußball-Regel: gelbe Karten

Erinnerungen:

Schönstes Erlebnis in der Bundesliga: Torschützenkönig
Größte Enttäuschung: Fast-Abstieg in der Saison 1995/96
Schönstes Erlebnis (Nationalteam): drei Tore gegen Albanien, ein Tor gegen Brasilien
Größte Enttäuschung (Nationalteam): WM 1994 in den USA
Mein schönstes Stadion: Bernabeu in Madrid und Haberland-Stadion in Leverkusen
Was besonders wehtat: meine schweren Verletzungen
Liebster Gegenspieler: alle, gegen die ich Tore schieße
Härtester Gegenspieler: Kohler, Trulsen
Meine Fußball-Freunde: Ralf Minge, Heiko Scholz

Hermann Josef Weskamp

geboren am 20. Oktober 1938 in Bergisch Gladbach, Studium der Germanistik und Geschichte in Köln und Freiburg, seit 1974 Ressortleiter Sport der Kölnischen Rundschau/Bonner Rundschau, Autor, Herausgeber und Mitarbeiter mehrerer Bücher in Bereichen Sport (vor allem Fußball) und Fernsehen/Medien.

Ulrich Dost

geboren am 9. Dezember 1949 in Bernau bei Berlin, arbeitete von 1978 bis 1994 bei der überregionalen Tageszeitung „DIE WELT" als Leitender Sportredakteur. Berichtete in dieser Zeit von jeweils drei Welt- und Europameisterschaften im Fußball. Seit Mai 1995 Pressesprecher bei Bayer 04 Leverkusen.

Vladimir Kadlec

geboren am 9. Juli 1957 in Prag/CSSR, ist für dieses Buch als Fotograf und Layouter dem Sport treu geblieben. Es ist sozusagen die zweite sportliche Laufbahn des früheren Basketball-Nationalspielers, der in seiner aktiven Zeit unter anderem für Bayer 04 Leverkusen und BSC Saturn Köln spielte. Heute ist er Mitinhaber des KS-Verlages, einer Agentur für Kommunikation und Design.